KB233482

알기 쉬운
가정의례

알기 쉬운 가정의례

김희자 지음

우리는 가정의례에서 예법에 맞는 형식을 갖추고 싶으나 잘 몰라서, 또는 알아도 너무 복잡하다는 생각으로 적당히 또는 간략하게 생략하고 지나는 경우가 많다. 그러나 형식과 절차가 없는 의례는 허례허식이 되고 예의 본질을 망각하기 쉽다. 빠르게 변화·발전하는 현대사회에서는 전통사회와 같은 의례절차를 기대할 수 없다. 그러나 우리의 전통의례는 본연의 모습으로 보존 계승되어야 하며 한편으로는 시대의 흐름에 따라 변화·발전시켜야 한다. 나아가 전통과 현대가 어우러진 문화로 콘텐츠화하여야 한다.

가정의례는 사람이 태어나서 죽기까지의 통과의례로 우리의 일상 속에 자리 잡고 있는 문화코드이다.

가정의례의 절차를 이해하고 실천하는 것은 바람직한 일이다. 이는 가정문화가 사회문화로 확대될 수 있는 계기가 되며 건강하고 풍요로운 가정과 사회를 만드는 데 기여하는 바가 클 것이다.

　“알기 쉬운 가정의례”는 전통의례를 바르게 이해하고 현대
생활에서 활용할 수 있도록 쉽게 풀어 정리하였다. 전통의례
에 관한 부분은 이재(李縡, 1680~1746)의『사례편람』을 근거로
하였고 현대의 가정의례는 “건전가정의례준칙”을 바탕으로
하여 그 밖에 여러 문헌을 참고하였음을 밝힌다.
　학문에 정진할 수 있도록 이끌어주신 이진수 교수님, 이길
표 교수님께 감사의 말씀을 드린다.

2011. 5.

김 희 자

목 차

Ⅰ. 가정의례란?

1. 가정의례의 범위

가정의례란 전통적으로 관례, 혼례, 상례, 제례를 지칭하며 '사례四禮' 또는 '가례家禮'라 하였다. 여기에 출생과 관계되는 백일·돌·회갑을 포함시켜 사람이 태어나서 죽을 때까지 거치게 되는 의례절차를 통칭한다.

조선을 건국한 태조(1392~1398 재위)는 "관혼상제는 나라의 큰 법이니 예조禮曹에 지시하여 경전經典을 세밀히 구명究明하고 고금을 참작하여 일정한 법령으로 정하여 인륜을 후하게 하고 풍속을 바로잡을 것이다"[1]라는 즉위교서를 내렸다.

조선 초기의 관혼상제는 주자朱子의 『가례家禮』를 기본적 모형으로 삼아 그 실천을 권장하면서 유교적인 사회규범을 뒷받침하여 사회질서를 유지하는 주요한 수단이 되었다. 또한

---

1) 조선왕조실록, 태조 1권, 1년(1392 임신/명 홍무洪武 25년) 7월 28일(정미) 3번째 기사, 태조의 즉위 교서.

당시 학자들의 주목을 받은 주자의 『가례』를 바탕으로 많은 가례서가 연구되어 저술됨으로써 조선시대 사회의 가정의례 정착에 이바지하였다. 특히 김장생金長生 (1548~1631)의 『가례집람家禮輯覽』과 이재李縡 (1680~1746)의 『사례편람四禮便覽』은 가례의 실천적 교과서이다. 당시 가례는 왕실과 사대부 계층에는 일차적으로 법적 강제성을 부여하였고 일반 서민에게는 본받도록 교화敎化할 뿐 강제하지는 않았다.

현대에는 1973년 가정의례준칙에서 혼례, 상례, 제례, 회갑연을 가정의례로 정의하였고 1999년 "건전가정의례준칙"에서는 성년례, 혼례, 상례, 제례 및 수연례 등 가정의례절차에 관한 기준을 정의하였다. 2008년 10월 14일 건전가정의례준칙에서는 "가족관계의 등록 등에 관한 법률"의 개정과 시행에 따라 일부 개정이 이루어졌을 뿐 가정의례의 정의에는 변화가 없다.

2. 예절의 방위

가. 예절의 동서남북東西南北

일상생활이나 의식절차에서는 방위 개념이 중요한데 예절에서 방위를 말할 때에는 전후좌우前後左右라 하지 않고 동서남북이라 한다.

예절에서 말하는 동서남북은 자연의 동서남북과 관계없이 예절을 하는 장소에서 제일 윗자리[상석上席]가 북쪽이고, 상석의 앞이 남쪽이며, 왼쪽이 동쪽이고, 오른쪽이 서쪽이 된다. 그 이유는 웃어른이 계신 쪽을 상석인 북쪽으로 가정하고 그 것을 기준으로 다른 방위를 정하기 때문이다.

1) 혼인예식에서는 주례가 있는 곳이 북쪽이다.
2) 제의에서 신위를 모신 곳이 북쪽이다.
3) 묘지에서는 그 묘지가 어디를 향했든지 북쪽에서 남향한 것으로 본다.
4) 모든 건물(특히 사당)은 어느 쪽을 향했든 북쪽에서 남향한 것으로 보고 동서남북을 정한다.
5) 사무실에서는 제일 상급자가 있는 곳이 북쪽이다.
6) 교실에서는 선생님이 계신 곳이 북쪽이다.
7) 행사장에서는 단상이 북쪽이다.

나. 의식행사 장소에서의 남좌여우男左女右

의식행사에서 남좌여우男左女右는 남동여서男東女西이다.
　동쪽은 해가 뜨는 방향이니까 양陽, 즉 남자의 방위이고 서쪽은 해가 지는 곳이니까 음陰, 즉 여자의 방위이다. 남좌여우란 바로 남자는 동쪽, 여자는 서쪽이란 뜻이다.

다. 생生과 사死의 자리

　남자의 경우 생자生者의 자리는 동쪽을 상석으로 하고 사자死者는 서쪽을 상석으로 한다. 여자의 경우 생자生者의 자리는 서쪽을 상석으로 하고 사자死者는 동쪽을 상석으로 한다.

그렇기 때문에 혼례에서 신랑은 동쪽에 서고 신부는 서쪽에 선다. 신부가 시부모를 처음 뵙는 현구고례, 수연례, 평소 절을 받을 때는 남자는 동쪽에 앉고 여자는 서쪽에 앉아야 한다.

죽은 자의 경우 묘지에 합장을 할 때 남편이 서쪽, 부인을 동쪽에 묻는다. 부모님의 제사를 지내기 위해 지방을 쓸 때 합설인 경우 서쪽에 아버지, 동쪽에 어머니 신위를 쓴다.

다시 한 번 정리하기

가정의례의 범위

-전통사회

관례, 혼례, 상례, 제례를 사례四禮라 지칭하며 여기에 출생
과 관계되는 백일, 돌, 회갑을 포함시켜 사람이 태어나서 죽
을 때까지 거치게 되는 의례절차이다.

-현대

1973년 가정의례준칙에서 혼례, 상례, 제례, 회갑연을 가정
의례로 정의하였다.
1999년 건전가정의례준칙에서는 성년례, 혼례, 상례, 제례,
수연례로 수정 발표하였고 2008년 건전가정의례준칙에서는
1999년 발표와 동일하게 정의하고 있다.

예절의 방위

예절에서 말하는 동서남북은 자연의 동서남북과 관계없이
예절을 행하는 장소에서 제일 윗자리(상석)가 북쪽, 상석의
앞이 남쪽, 왼쪽이 동쪽, 오른쪽이 서쪽이 된다.
그 이유는 웃어른이 계신 쪽을 상석인 북쪽으로 가정하고 그
것을 기준으로 다른 방위를 정하기 때문이다.

Ⅱ. 관례와 계례

1. 전통 관례와 계례

가. 전통 관례와 계례의 의미

남자 나이 15~20세, 여자 나이 15세에 이르면 길한 날을 택해 관례와 계례를 행하였다. 관례와 계례를 행함으로로써 신체적, 정신적으로 성숙된 어른으로 인정함과 동시에 책임을 일깨워 주고자 치르는 예식이다.

남자는 길게 땋아 늘어뜨린 머리를 올려 상투를 틀어 관을 쓰고 시가始加, 재가再加, 삼가三加의 절차를 거치면서 어른의 평상복, 출입복, 예복으로 갈아입게 된다. 여자는 15세에 이르면 계례라 하여 쪽을 찌고 비녀를 꽂으며 관례와는 달리 단가單加만을 행한다. 이것은 어린이에서 어른의 세계로 입문하게 되는 과정이며 동시에 어른으로서의 의무와 사회적 책임을 일깨워 주는 의식이다.

술로써 예를 행하는 초례醮禮는 일종의 정화의례로 새로운 지위나 관계 등 질서의 형성을 상징하는 의례이다.

관자와 계자에게 자字를 지어 주는 것은 성인이 되었음을 상징하는 것이다. 관·계례는 전통사회에서 사례四禮 중 가장 먼저 행해진 의례였다. 하지만 후대에 이르러 간소화되었으며 갑오경장 이후 단발령의 시행으로 그 의미는 점차 사라지고 혼례의 '관례벗김'에 포함되면서 관례의식은 찾아보기가 어려워졌다. 남자에게 어른의 복색服色[2])을 입히고 관을 씌우는 관례와 여자에게 어른의 복색을 입히고 비녀를 꽂아 주는 계례는 어른이 되었음을 사회적으로 인정하는 의식절차로 큰 의미가 있다.

나. 전통 관례와 계례의 절차

1) 남자의 관례

전통사회에서 관冠은 어른을 나타내는 대표적 상징물로서 『효경孝經』과 『논어論語』를 공부하여 그 뜻에 통하고 예절과 의리를 익혀 어른으로서 책임을 지울 수 있는 15~20세에 이른 남자에게 정월正月 중 길한 날을 택하여 관례 의식을 행했다.

주인은 3일 전에 사당에 고하고 관례의식을 주관할 빈賓을 청한다. 그리고 삼가례에 쓸 관冠과 복服을 진설한다.

남자의 관례는 시가례, 재가례, 삼가례, 초례, 자관자례, 사

---

2) 신분이나 직업에 따라서 다르게 맞추어서 차려 입던 옷의 꾸밈새와 빛깔.

당례, 부모례의 순으로 진행되며 예의 진행에서 축사가 이루어졌다.

가) 시가례始加禮

처음으로 관을 쓰고 옷을 갈아입는 절차이다.

관을 쓸 사람은 쌍상투에 복건을 쓰고 사규삼을 입고 있다.

관빈은 관자에게 치포관과 복건을 씌우고 관자는 사규삼을 벗고 심의를 입는다.

관빈은 축사한다.

시가의 축사는 관자로 하여금 마음을 새롭게 하여 성년의 의무와 도리를 일깨우는 것이다.

시가축사

좋은 달 좋은 날에 처음으로 관을 씌워 어른이 됨을 축하하니 이제부터는 어린 마음을 버리고 어른의 덕을 지녀야 하느니라. 그리하면 건강하게 오래도록 하늘의 큰 복을 받게 될 것이니라.

나) 재가례再加禮

관자가 두 번째 관을 쓰고 옷을 갈아입는 절차이다.

관빈은 갓을 씌우고 관자는 심의를 벗고 도포를 입는다. 도포는 소매가 넓고 깃이 곧은 겉옷을 말하며 도포 위에는 술띠를 매고 갓을 쓴다. 갓과 도포는 선비들이 외출할 때 착용하는 복식이다.

관빈은 축사한다.

축사는 관자가 성년으로서 어진 덕을 쌓아 가정에서 부모,

형제와 더불어 효도하고 우애 있게 살아야 할 것을 일깨우는
내용이다.

재가축사

좋은 달 좋은 날에 거듭 관을 씌우니 이제부터는 항상 몸가짐을 신중
히 해야 하느니라. 덕이 있는 몸가짐으로 부모님께 효도하고 형제와
우애 있게 지내도록 해야 하느니라.

다) 삼가례 三加禮

관자가 세 번째 관을 쓰고 옷을 갈아입는 절차이다.

관빈은 복두를 씌우고 관자는 도포를 벗고 앵삼을 입는다.
복두와 앵삼은 어른의 정중한 예복으로 이는 성숙한 성인으
로 거듭남을 상징한다.

관빈은 축사한다.

이 세 번째 축사는 관자가 친구, 이웃과 더불어 성실하게
밝은 사회를 이루어 나가야 할 것을 일깨우는 내용이다.

삼가축사

좋은 달 좋은 날에 관을 세 번 모두 씌워 덕을 이루게 하였으니 앞으로
사랑으로 이웃을 돕고 믿음으로 친구를 사귀며, 부지런히 배우고 일하
여 자신을 새롭게 하고, 밝은 사회를 이루어 나가도록 해야 하느니라.

라) 초례 醮禮

초례3)는 성인이 되었음을 축하하고자 술을 내리고 마시도

---

3) 「향음주의에 의하면 "귀천이 밝혀지고, 높일 것과 낮출 것이 분변되며, 화락하여 무례한
   일이 없고, 어른에게 공손하여 빠뜨린 것이 없으며, 연회가 안락하여 문란함이 없었다.

록 허락하며 술 마시는 법도를 교훈으로 내리는 절차이다.

축사하고 술을 내린다.

관빈이 술을 따라 주시면 관자는 뇌주하고 몸을 돌려 술을 맛
본다.

초례축사

술은 향기롭지만 과음하면 실수하기 쉽고 몸에 해가 되니 항상 분수
를 지켜 몸에 알맞도록 마셔야 하느니라.

마) 자관자례字冠者禮

성인이 된 관자에게 자字를 내려 주는 절차이다. 관빈은 관
자에게 자字를 내리고 축사한다.

초례를 행한 뒤 관자에게 자를 내려 주는 의식은 아이 때
의 이름 대신 앞으로는 성인의 이름으로 받은 자字를 쓰게 하
여 성인으로서 그 인격을 높이고자 하는 것이다.

자관자 축사

예의를 갖추어 좋은 달 길한 날에 너의 자를 ○○로 고하노니 이를 길이
간직하여라.

바) 사당례祠堂禮

주인이 관자를 데리고 사당의 조상님을 뵙게 하는 예이다.
이는 관례를 마쳤음을 사당에 고하는 것이다.

이 五行은 족히 몸을 바로 하고 나라를 편안케 하리라"라고 하였다.」 李相玉 譯著, 『禮
記』下, 鄕飮酒義, 명문당, 2002, p.256.

고유축

○○○의 아들 ○○가 오늘 관례를 마쳐 감히 뵈옵니다.

사) 부모례父母禮

관자는 사당에 고유한 후 부모님과 어른을 뵙고 예를 갖춘다.

모든 예가 끝난 뒤 주인은 빈과 참석자들에게 각기 형편껏 손님을 대접하는 예로 술과 음식을 대접한다.

주인은 감사의 뜻으로 빈에게 폐백을 드리고 전송한다.

2) 여자의 계례笄禮

여자는 15세에 이르면 계례라 하여 쪽을 찌고 비녀를 꽂는 의례를 행하였다.

여자의 계례는 단가單加만을 행하며 단가례 이후 초례, 자계자례, 사당례, 부모례는 관례의 예와 같이 진행된다.

가) 시가례始加禮

시가례가 시작되면 계자는 귀밑머리에 다홍치마, 노랑저고리, 당의를 입고 있다.

계빈은 계자의 머리를 쪽 찌어 비녀를 꽂고 족두리를 씌운다. 계자는 당의를 벗고 배자를 입는다.

계빈은 축사한다. 축사는 계자로 하여금 마음을 새롭게 하여 성년의 의무와 도리를 일깨우는 것이다.

나) 초례

초례는 성인이 되었음을 축하하고자 술을 내리고, 마시도
록 허락하며, 술 마시는 법도를 교훈으로 내리는 절차이다.

축사하고 술을 내린다.

계빈이 술을 따라 주시면 계자는 뇌주하고 몸을 돌려 술을 맛
본다.

다) 자계자례 字笄者禮

성인이 된 계자에게 자字를 내려 주는 절차이다.

계빈은 계자에게 자字를 내리고 축사한다.

초례를 행한 뒤 계자에게 자를 내려 주는 의식은 아이 때
의 이름 대신 앞으로는 성인의 이름으로 받은 자字를 쓰게 하
여 성인으로서 그 인격을 높이고자 하는 것이다.

라) 사당례 祠堂禮

주인이 계자를 데리고 사당의 조상님을 뵙게 하는 예이다. 이는 계례를 마쳤음을 사당에 고하는 것이다.

고유축

○○○의 딸 ○○가 오늘 계례를 마쳤기에 뵈옵니다.

마) 부모례

계자는 사당에 고유한 후 부모님과 어른을 뵙고 예를 갖춘다.

모든 예가 끝난 뒤 주인은 빈과 손님들에게 손님 대접하는 예를 갖춘다. 주인은 감사의 뜻으로 빈에게 폐백을 드리고 전송한다.

관 · 계례 용어 정리

관 례	계 례
관자冠者 : 관례의 당사자	계자笄者 : 계례의 당사자
주인主人 : 아버지 또는 할아버지	주부主婦 : 어머니
관빈冠賓 : 사회적으로 덕망이 높고 존경 받는 분으로 관례예식을 주관하도록 모시는 큰손님	계빈笄賓 : 사회적으로 덕망이 높고 존경 받는 분으로 계례 예식을 주관하도록 모시는 큰손님
찬자, 집사 1, 집사 2 : 관빈과 함께 예식을 돕는 이	시자, 시자 1, 2, 3 : 계빈과 함께 예식을 돕는 이

관 례	계 례
관례 전 : 　　쌍상투, 복건, 사규삼 시가례 : 　　치포관, 복건, 심의, 　　대대大帶 이履 재가례 : 　　갓, 도포, 술띠, 혜鞋 삼가례 : 　　복두, 난삼襴衫, 　　대帶, 화靴	계례 전 : 　　귀밑머리, 다홍치마, 　　노랑저고리, 당의 시가례 : 　　쪽, 비녀, 　　족두리, 배자

관례 시의 자리배치

관 례		
집사 1	관자	
찬자		집사 2
관빈		아버지
서쪽 계단		동쪽 계단

계례 시의 자리배치

계 례		
시자 1, 2	계자	
시자		시자 3
계빈		어머니
서쪽 계단		동쪽 계단

2. 현대 성년례

가. 성년례의 의미

현대 성년례의 의미는 건전가정의례준칙에서 상세히 밝히고 있다.

건전가정의례준칙에서 성년례에 관한 용어 정의를 보면 "성년례란 성인으로서의 사회적 책무를 일깨워 주기 위하여 하는 의식절차"를 말한다. 만 19세가 되는 해를 기점으로 행할 수 있으며 국가기관, 지방자치단체, 공공기관·단체 및 기업체 등이 성년예식을 거행할 때에는 엄숙하고 간소하게 하여야 한다.[4]

성년례란 신체적, 정신적 성숙을 사회에서 인정받는 절차이며 가정, 사회, 국가의 중요한 일원으로서 정당한 권리에 참여하고 책임과 의무를 다해야 하는 한 성인으로 인정받는 행위이다.

성년례는 생일날이나 국가에서 지정한 성년의 날인 5월 셋째 주 월요일에 가정, 학교, 회사, 단체 등에서 개별적, 집단적으로 행해지고 있다.

성년례의 절차, 성년선서 및 성년선언의 내용은 다음과 같다.

---

4) 건전가정의례준칙(시행 2008. 10. 14.), 보건복지가족부.

1) 개별 성년례 절차

    가) 개식

    나) 성년자 배례

    다) 축사

    라) 성년선서 및 서명

    마) 성년선언 및 서명

    바) 초례 및 주례의 훈화

    사) 성년자 배례

    아) 폐식

2) 집단 성년례의 절차

    가) 개식

    나) 국민의례

    다) 주례와 내빈소개

    라) 성년자 경례

    마) 성년자 호명

    바) 성년자 다짐

    사) 성년선서 및 서명

    아) 성년선언 및 서명

    자) 주례의 교훈

    차) 내빈 축사

    카) 주인 인사

    타) 주례와 내빈, 그리고 참석해 주신 손님께 인사

    파) 폐식

성 년 선 서

저는 이제 성년이 됨에 있어서 오늘을 있게 하신 조상님과 부모님의 은혜에 감사하고 자손의 도리를 다할 것과 국가와 사회의 주인으로서 정당한 권리에 참여하고 신성한 의무에 충실하여 성년으로서의 본분을 다할 것을 엄숙히 선서합니다.

년   월   일

성년자 ○ ○ ○(서명 또는 인)

성 년 선 언

성 년 자   ○   ○   ○
생년월일   년   월   일

그대는 이제 성년이 됨에 있어서 자손으로서 도리를 다하고 국가와 사회의 주인으로서 정당한 권리와 신성한 의무에 충실할 것을 다짐하고 서명하였으므로 성년이 되었음을 엄숙하게 선언합니다.

년   월   일

주례   ○ ○ ○(서명 또는 인)

나. 개별 성년례의 진행 홀기

1) 개식

지금부터 ○○○ 씨와 ○○○ 여사의 ○째 아드님(따님)
　　○○ 군(양)의 성년례를 주례 ○○○ 선생님을 모시고 시작
하겠습니다. 모두 자리에서 일어나 정한 자리에 서 주십시오.

2) 성년자 배례

성년자가 절을 하겠습니다. 아직 성년이 되기 전이므로 답
배하지 않습니다.

성년자는 주례 선생님을 향해서 큰절을 하세요.

성년자는 가족을 향해 큰절을 하세요.

3) 축사

주례자가 성년자에게 축사를 합니다.

4) 성년선서 및 서명

성년자가 성년선서를 하고 서명을 하겠습니다.
성년자는 성년선서를 하고 서명하세요.

5) 성년선언 및 서명

주례께서 성년선언을 하고 서명하겠습니다.

6) 초례

초례는 성인이 되었음을 축하하고자 술을 내리고, 마시도
록 허락하며, 술 마시는 법도를 교훈으로 내리는 절차이다
(다례를 행하기도 한다).
축사하고 술을 내린다.

7) 주례의 교훈

성년자는 주례에게 큰절을 하고 주례는 반절로 답배합니다.
주례자는 성년자에게 성년으로서의 책임과 의무를 일깨우
는 교훈을 내려 줍니다.
성년자는 일어나서 주례에게 큰절을 하고 주례자는 반절로
답합니다.

8) 성년자 배례

성년자는 이제 성년이 되었으므로 가족과 손님들에게 절합

니다. 가족과 손님은 답배합니다.

9) 폐식

이상으로 ○○○군(양)의 성년례를 모두 마치겠습니다.

다. 집단 성년례의 진행 홀기

1) 개식

사회자 : 지금부터 ○○ 학교에서 주최하는 ○○○ 외 ○○
명에 대한 성년례를 ○○○ 선생님을 주례로 모시고 거행하
겠습니다.

성년례는 20세 전후의 남성과 여성에게 신체적, 정신적으
로 성숙된 사회인으로서의 책임을 일깨워 주고자 치르는 예
식입니다.

2) 국민의례

국민의례가 있겠습니다.
모두 자리에서 일어나 국기를 향해 서 주시기 바랍니다.
애국가는 4절까지 부르겠습니다.
모두 자리에 앉아 주십시오.

3) 주례와 내빈소개

- 오늘의 성년례를 주관하실 주례와 내빈소개가 있겠습니다.

<주례소개>

<내빈소개>

- 주인과 주례 선생님은 서로 인사하시겠습니다.
- 주례는 사회적으로 덕망이 높고 존경받는 분으로 이 성
  년례의 예식을 주관하시도록 모시는 분입니다.

4) 성년자 경례

- 성년례의 참석자 모두는 주례 선생님께 인사드리겠습니다.
- 성년자 모두는 자리에서 일어나 주십시오.
- 공수! 경례
- 이제 성년자가 내빈과 가족을 향해 인사드리겠습니다.
  (내빈과 가족은 자리에 앉아 계십니다.)
- 성년자는 서쪽의 내빈을 향해 주십시오.
- 공수! 경례!
- 성년자는 동쪽의 가족을 향해 주십시오.
- 공수! 경례!
- 성년자 모두는 주례 선생님을 향해 서 주시기 바랍니다.

5) 성년자 호명

- 주례 선생님께서 성년자를 호명하시겠습니다.
  (준비 : 성년자 명단)
- 성년자를 호명하시면 호명된 성년자 모두는 대답하십시오.

-주례 :

그대들이 오늘 성년이 되는 ○○○ 외 ○○명인가?

-성년자 : 예, 그렇습니다.

6) 성년자 다짐

주례 선생님께서는 성년자에게서 다짐을 받겠습니다.
성년자는 대답하십시오.

-주례 :

그대들은 이제 성년이 되는 선서를 하겠는가?

-성년자 : "예, 선서하겠습니다."

-사회자 : 성년자는 다짐한 대로 성년선서를 하고 서명하겠습
니다. 주례 선생님과 주인, 그리고 모든 참석자는 함께 선서를
받습니다.

7) 성년선서 및 서명

성년자 대표 ○○○군은 대표의 자리로 나와 주십시오.

-모든 성년자는 오른손을 펴 왼쪽 가슴에 대고 선서합니
다. <성년선서>

(대표자가 성년 선서문을 읽고 모든 성년자는 성명 부분
에서 각자의 이름을 소리 내어 읽습니다)

-성년자 ○○○는 서명하십시오.

8) 성년선언 및 서명

주례 선생님께서 성년선언 및 서명을 하시겠습니다.
<성년선언>
<서명>

9) 주례의 교훈

주례 선생님께서 성년자에게 교훈을 내려 주시겠습니다.
내빈과 가족은 자리에 앉아 주시기 바랍니다.
－주례 선생님께 공수! 경례!
　<주례 선생님 교훈>
－주례선생님께서 성년자에게 신체적, 정신적으로 성숙된
　사회인으로서의 책임을 일깨워 주고자 교훈을 내려 주셨
　습니다.
　성년자 공수! 경례!
　주례 선생님께서는 자리에 앉아 주십시오.

10) 내빈 축사

내빈께서 축사를 해 주시겠습니다.
－성년자 공수! 경례!
　<내빈축사>
－성년자 공수! 경례!

11) 주인 인사

주인인 ○○학교 ○○○께서 인사말씀을 해 주시겠습니다.

- 성년자 공수! 경례!

<주인 인사말씀>

- 성년자 공수! 경례!

12) 주례와 내빈 그리고 참석하신 손님께 인사

성년자가 성년이 된 인사를 올리겠습니다.

- 주례와 내빈을 비롯한 모든 참석자는 앉은 자리에서 일어서 주십시오. 성년자가 인사하면 답배하십니다.

- 성년자 공수! 경례!

13) 폐식

이상으로 ○○학교에서 주최한 ○○○ 외 ○○명에 대한 성년례를 마치겠습니다.

- 감사합니다.

(선물증정, 사진촬영)

(주인은 주례선생님과 내빈을 인도해 퇴장)

집단 성년례 무대 자리배치

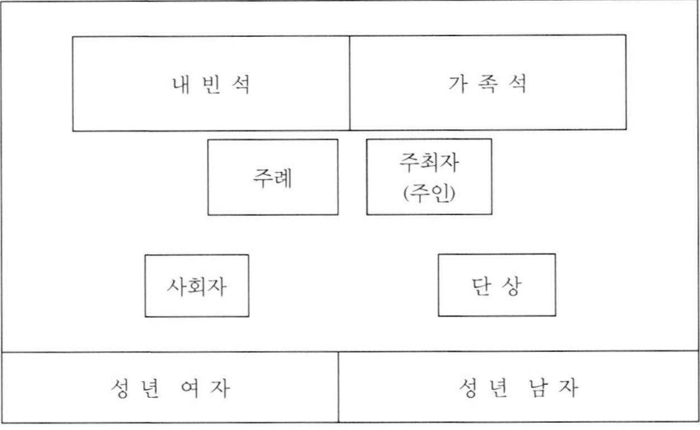

다시 한 번 정리하기

관례와 계례

남자 나이 15세~20세, 여자 나이 15세에 이르면 길한 날을 택해 관례와 계례를 행하였다. 관례와 계례를 행함으로써 신체적, 정신적으로 성숙된 어른으로 인정함과 동시에 책임을 일깨워 주고자 치르는 예식이다.

남자는 길게 땋아 늘어뜨린 머리를 올려 상투를 틀어 관을 쓰고 시가始加, 재가再加, 삼가三加의 절차를 거치면서 어른의 평상복, 출입복, 예복으로 갈아입게 된다.

여자는 15세에 이르면 계례笄禮라 하여 쪽을 찌고 비녀를 꽂으며 관례와는 달리 단가單加만을 행한다.

Ⅲ. 혼례

1. 전통사회의 혼례

가. 혼례의 의미

혼례는 개인이 일생 동안 거치는 통과의례 중 하나로 개인
적으로는 성적性的·심리적·인격적인 성숙을 이루게 하는 의
례이며 사회적으로는 한 가정의 탄생으로 큰 의미를 갖는다.

옛날에는 남자와 여자가 짝을 지어 부부가 되는 일은 양陽과
음陰이 만나는 것이므로 그 의식의 시간도 양인 낮과 음인 밤
이 만나는 날이 저무는 시간에 거행했기 때문에 날 저물 혼昏
자를 써서 혼례昏禮라 하였다.

『예기』에 혼례에 대한 기록은 다음과 같다.

"하늘과 땅이 화합한 뒤라야 만물이 나니, 혼례란 만세의
시작이다."5)

　　"혼례란 장차 두 성이 좋게 합하여 위로는 종묘를 섬기고
아래로는 후세를 잇는 것이다."6)

　　"남녀의 구별이 있은 뒤라야 부부의 의가 있게 되고, 부
부의 의가 있은 뒤라야 부자의 친함이 있게 되며, 부자의
친함이 있은 뒤라야 군신의 바른 도가 있게 된다. 그러므
로 혼례란 예의 근본이라고 말하는 것이다."7)

전통사회에서 혼례를 통한 부부의 탄생은 위로는 조상을
섬기고 아래로는 후손을 잇는 효孝, 그리고 부자父子의 친함,
군신君臣의 바른 도道를 실천하기 위한 예의 근본으로 보았다.
　　오늘날 사전적 의미의 '혼인'이란 "한 사회의 법률, 도덕,
관습 등의 규율에 의하여 정당한 남녀의 결합관계로 용인되
는 제도, 또는 부부관계에 들어가기 위해 당사자의 합의와 신
고를 요하는 법률행위"를 말한다. 혼인을 통상적으로는 결혼
이란 말로 쓰나 법률용어로는 혼인을 주로 쓴다.

나. 혼인 연령

　　『사례편람』에는 남자 16~30세, 여자는 14~20세 사이에 의
혼한다고 기록하고 있다. 그러나 오늘날에는 만 18세가 된 사
람은 혼인할 수 있다. [본조제목개정 2007. 12. 21.] [전문개정

---

5) 「天地合而后　萬物　興焉　夫婚禮萬世之始也」, 李相玉　譯著, 『禮記』中, 명문당, 2002,
　 p.34.

6) 「昏禮者　將合二姓之好　上以事宗廟　而下以繼後世也」, 李相玉　譯著, 『禮記』下, 명문당,
　 2002, p.232.

7) 「男女有別　而后　夫婦有義, 夫婦有義　而后　父子有親, 父子有親　而后　君臣有正, 故　曰
　 昏禮者　禮之本也」, 『禮記』下, 명문당, 2002, p.235.

2007. 12. 21.] 단, 미성년자가 혼인을 할 때에는 부모의 동의를 얻어야 한다(민법 제808조). 또한 혼인이 성립하기 위해서는 「가족관계의 등록 등에 관한 법률」에 정한 바에 의하여 신고함으로써 혼인의 효력이 생긴다. [개정 2007. 5. 17. 제8435호(가족관계의 등록 등에 관한 법률)] (시행일 2008. 1. 1.)

다. 혼례의 정신

1) 삼서정신三誓精神 : 혼인할 때의 세 가지 서약

가) 서부모례誓父母禮

신랑과 신부가 혼인예식을 거행하기 전에 부모에게 서약하는 것이다.

나) 서천지례誓天地禮

천지신명께 행복한 부부가 될 것을 서약하는 것이다.

다) 서배우례誓配偶禮

배우자에게 서로 훌륭한 남편과 아내가 될 것을 서약하는 것이다.

2) 평등정신平等精神

부부가 되면 평등한 것이다. 그러므로 혼례식 때 서로 존댓말을 쓰고 절하는 것이다.

2. 문헌에 나타난 혼례

가. 『예기禮記』

오경五經의 하나로『주례周禮』·『의례儀禮』와 함께 삼례三禮라
고 하며 『의례』가 예의 경문經文이라면『예기』는 그 설명서에
해당한다. 혼례의 의미와 절차에 대해 상세히 기록하고 있다.
『예기』에는 혼인의 여섯 가지 절차인 납채, 문명, 납길, 납
징, 청기, 친영을 육례라고 하였다. 그 내용은 다음과 같다.

1) 납채納采 : 남자 측에서 여자 측에 배우자로 채택했음을
   알리는 절차이다.
2) 문명問名 : 남자 측에서 혼인의 길흉吉凶을 맞춰 보기 위
   해 신부가 될 규수의 어머니의 성씨(어느 댁
   의 딸인가)를 묻는 것이다. 여자 측에서는 외
   가(어머니)가 어느 댁이며 규수는 몇 살이고
   생일은 언제라고 회답한다.
3) 납길納吉 : 신랑 측에서 신부 측에 길흉을 맞춰 본 결과
   길吉하다는 사실을 알려 주는 절차이다.
4) 납징納徵 : 남자 측에서 여자 측에 혼인하겠음을 증거하
   기 위해 폐백을 보내는 절차이다.
5) 청기請期 : 남자 측에서 여자 측에 혼인예식을 거행할 날
   짜를 청하는 절차이다.
6) 친영親迎 : 신랑이 신부의 집에 가서 신부를 친히 맞이하여
   신랑의 집에서 혼인예식을 거행하는 절차이다.

나. 『삼국지三國志』「위지동이전魏志東夷傳」

서진西晉의 진수陳壽 (233~297)가 편찬한『삼국지』의「위지」
에 부속된 고대 동방의 여러 종족과 국가에 관한 기록이다. 고
구려조에 고구려의 혼인 풍습인 '서옥제'에 대해 다음과 같이
기록하고 있다.

> 혼인하는 풍습이 먼저 언약으로 혼인이 정해지면 여가에
> 서는 본채 뒤에 작은 집을 짓는다. 이를 서옥이라 한다.
> 날이 저물면 사위가 여자의 집 문밖에 와서 제 이름을 말
> 하고 무릎 꿇고 절하면서 그녀와 함께 유숙할 것을 간청
> 한다. 신랑이 주효酒肴와 폐백을 옆에 두고 이렇게 두세
> 번 청하면 여자의 부모가 이것을 듣고 서옥에서 동숙하
> 도록 허락한다. 자식을 낳아 성장한 후에 부인과 더불어
> 남가로 돌아온다.8)

이 기록을 보면 고구려에서는 혼인이 정해지면 여자 집에
서 서옥이라는 사위가 머물 집을 지었고, 혼인을 하여 자식을
낳아 성장한 후에야 남자의 집으로 돌아왔음을 알 수 있다.

다. 『주자가례朱子家禮』

중국 남송시대 성리학자 주희朱熹 (1130~1200)가 일상생활의
예절에 관한 내용을 모아 기록한 책이다.「혼례」는 의혼議昏, 납

---

8) 「其俗作婚姻 言語已定 女家作小屋於大屋後 名壻屋 壻暮至女家戶外 自名 拜 乞得就女宿
   如是者再三 女父母乃聽使就小屋中宿 傍頓錢帛 至生子已長大 乃將婦歸家」,『삼국지』「위
   지 동이전」 고구려조.

채納采, 납폐納幣, 친영親迎, 부현구고婦見舅姑, 묘현廟見, 서현부지부
모壻見婦之父母로 이루어져 있는데 이는 혼례의 시간적인 경과
에 따라 그에 맞는 예법을 서술한 것이다.

라. 「가례집람家禮輯覽」

「가례집람」은 『사계전서沙溪全書』의 제23권~30권까지로 도
설圖說, 통례通禮, 관례, 혼례, 상례, 제례에 관한 내용이다. 김장
생金長生(1548~1631)이 1599년(선조 32) 주희의 『주자가례朱子家
禮』를 중심으로 하여 엮은 것을 아들 김집金集이 교정을 보았
고 1685년(숙종 11) 서문중徐文重, 이사명李師命이 목판본으로
간행하였다. 그 내용은 중국의 학설을 기반으로 하였으나 우
리나라의 가정의례 전반에 걸쳐 여러 학설과 풍속에 대하여
기술하고 엮은이 자신의 의견을 곁들여 놓았다.

혼례에 관한 절차는 의혼, 납채, 납폐, 친영, 부현구고婦見舅
姑, 묘현廟見, 서현부지부모壻見婦之父母의 순으로 되어 있다.

납채의 내용 중 『가례의절』9)을 인용하여 신부 집에 혼서와
폐백을 전달하는 과정을 다음과 같이 기록하고 있다.

> 『가례의절』에 이르기를, "빈이 여자 쪽 집의 문밖에 이르
> 면 중매인이 먼저 들어가서 주인에게 고한다. 집사자가
> 대문 안에 예물을 진열한 다음, 소반에 서함을 담아서 탁
> 자 위에 놓는다. 주인이 문밖으로 나가서 빈을 맞이하는

---

9) 『가례의절』은 『주자가례』의 해설서로 丘濬(1418~1495)이 편집하였다. 『주자가례』를
   시행하는 절차와 그때 착용하는 복장 등에 대한 그림 따위가 첨부되어 있다.
   http://news.encyber.com/(2009. 6. 20.)

데, 손을 들어 읍을 하면서 겸손한 태도를 취한 다음 빈에게 들어가기를 청하는데 무릇 세 번을 청한다. 주인이 먼저 동쪽 계단을 통하여 올라가고 빈이 서쪽 계단을 통하여 따라서 올라간다. 당의 동쪽과 서쪽으로 올라간 다음 서로 마주 보고 서서 읍을 한다. 혼서와 폐백을 진열한다. 집사자가 청 위에 서안을 들어다 놓는다. 예물을 뜰에 진열하되, 폐백이 있을 경우에는 계단 앞이나 혹은 탁자 위에 놓는다. 빈과 주인이 각자 자기의 자리로 나아간다. 집사자가 차를 올린다. 차를 다 마신 다음 빈이 일어나는데 주인 역시 따라서 일어난다. 집사자가 혼서를 빈에게 주면 빈이 이를 받아서 주인에게 올린다. 주인이 이를 받아서 집사자에게 준 다음 북쪽을 향하여 재배한다. 빈이 자리를 피하여 비켜서 선 채 감히 답배하지 않는다” 하였다.10)

납채 시에 신부 측의 집사자가 신랑 측에서 가져온 예물을 뜰에 진열하고 폐백은 계단 앞이나 탁자에 놓았으며, 혼서는 소반에 담아 탁자 위에 놓았다. 혼서를 받는 예는 집사자가 주인과 빈에게 차를 올리면 이를 마신 후에 행하였음을 알 수 있다.

---

10) 「丘儀賓至女家門外媒氏先入告主人　執事者陳禮物于大門內用盤子盛書函置卓子上　主人出門外迎賓　擧手作揖遜狀請賓行凡三次　主人先登東階賓登西階升堂東西相向立揖陳書幣執事者擧書案于廳上　禮物陳庭中有幣帛則以置階前 或卓子上 賓主各就 坐執事者以茶進啜訖　賓興主人亦起　執事以書授賓　賓以奉主人　主人受以授執事者北向再拜賓避席屛立不敢答拜」, 김장생, 『沙溪全書 三』, 민족문화추진회, 2003, p.462(김장생, 정선용 옮김, 『사계전서 3』, 민족문화추진회, 2003, p.430).

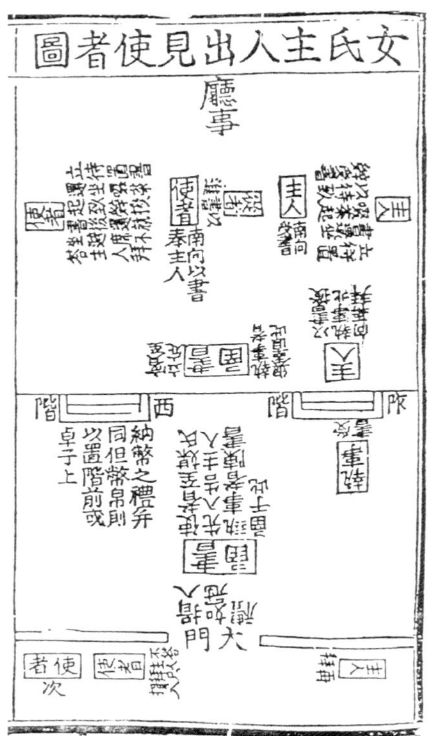

여자쪽 집의 주인이 나와서 사자를 만나보는 그림[11]

마. 『사례편람四禮便覽』

『사례편람』은 조선 후기 문신인 이재李縡 (1680~1746)가 편찬한 예서禮書로 목판본이다.

---

11) 『沙溪全書』 권24, 가례집람도설 14, "女氏主人出見使者圖", 『沙溪全書 三』, 민족문화
추진회, 2003, p. 248.

혼례절차는 의혼議昏, 납채納采, 납폐納幣, 친영親迎, 부현구고婦見舅姑, 묘현廟見, 서현부지부모壻見婦之父母의 순서로 진행되었다.

바. 『잡동산이雜同散異』

조선 후기 실학자 안정복(1712~1791)의 유서類書로 우리나라와 중국의 역사, 제도, 유교경전의 자구字句, 명가名家의 저술, 명물名物, 도수度數, 여항閭巷, 패설稗說 등에 관한 책이다.

『잡동산이』에는 혼례 절차 중 차를 마시는 의례가 있었음을 다음과 같이 기록하고 있다.

> 일찍 일어나 납채서를 가지고 사당에 고한다. 남녀는 서립하고 다례에 참여하는 예의에 따른다. ……중략…… 주인은 문밖에 나가 빈을 청하기를 무릇 세 번 한다. 주인이 먼저 동쪽 계단으로 오르면 빈은 서쪽 계단으로 오른다. 당에 올라 동서에서 서로 읍한다. 집사는 납채서를 대청 위에 놓고 예물을 마당에 늘어놓는다. 빈과 주인이 자리에 앉으면 차를 올린다. 차를 다 마신 다음 빈이 일어나면 주인 또한 일어난다. 집사가 혼서를 빈에게 주면 빈이 이를 받아서 주인에게 올린다. 주인이 이를 받아서 집사자에게 준 다음 북쪽을 향하여 재배한다. 빈이 자리를 피하여 비켜서 선다.[12]

> 묘현 ……중략…… 주인은 술을 따른다. 주부는 점다하고

12) 「夙興奉書以告祠堂 男女序立行茶禮如參儀……中略……主人出門揖請賓行凡三次 主人先升東階賓升西階 升堂東西相向揖 執事奉書函于廳上 禮物陳庭中 賓主各就座奉茶訖 賓興主人亦起 執事以書授賓 賓以奉主人 賓以奉主人 主人受以授執事者北向再拜賓避席屏立」, 安鼎福, 韓國學古辭典叢書 『雜同散異』, 亞細亞文化社, 1981, pp.644－645. 김희자, 『백과사전류로 본 조선시대 茶문화』, 국학자료원, 2009, p.195.

재배한다.13)

혼례의 절차 중에서 신랑 집에서 납채서를 가지고 사당에 고유할 때 다례를 행했으며 납채 시에 신랑 집에서 신부 집에 도착해서 빈과 주인이 차를 마셨음을 알 수 있다. 또한 혼례 후 3일째에 며느리를 사당에 뵈올 적에 주인은 술을 따르고 주부는 점다하고 재배하였다.

납채 때 주인과 빈이 차를 마시는 행위는 『가례집람』과 흡사하나 사당에 고유할 때의 점다 기록은 당시 차문화의 품격을 보여 준다.

3. 전통혼례의 절차

전통혼례의 절차를 『사례편람』을 중심으로 하여 의혼議婚, 납채納采, 납폐納幣, 친영親迎의 네 단계를 선례先禮, 본례本禮, 후례後禮)로 구분하여 살펴보고자 한다.

가. 선례先禮

혼례식을 치르기 전 행해지는 의례절차이다. 의혼, 납채, 납폐가 이에 속한다.

---

13) 「庙見 ……中略…… 主人 斟酒 主婦點茶並再拜」, 安鼎福, 韓國學古辭典叢書 『雜同散異』, 亞細亞文化社, 1981, p.650.

1) 의혼議婚

신랑 측이 매파를 통하여 신부 측에 청혼하고 신부 측이 허혼하는 절차이다. 남자는 16세에서 30세 사이에, 여자는 14세에서 20세 사이에 의혼한다. 혼인은 당사자와 혼주婚主는 일년복一年服 이상의 상喪을 입지 않아야 결혼할 수 있다고 하였다. 반드시 먼저 중매를 시켜 왕래하며 말을 전하게 해서 신부측의 허락을 기다린 후 납채한다.[14)

2) 납채納采

신랑 측에서 신부 측에 배우자로 채택했음을 알리는 절차이다. 주인은 납채서를 쓰고 일찍 일어나 납채서를 가지고 사당祠堂에 고하여야 한다. 사당에 고한 후 자제子弟로 하여금 사자使者(심부름꾼)를 삼아 신부집에 보낸다.

신부 집의 혼주는 나아가 사자를 맞이하고 납채서를 받들어 사당에 고한다. 사당에 고할 때는 쟁반에 납채서를 놓고 들어가 향안香案(향로를 놓는 상) 위에 얹은 후 고한다. 사당에 고한 후 문밖에 나아가 답서를 사자使者에게 주고 예로서 대접한다.

사자使者가 돌아와 보고 드리면 신랑 집 혼주는 다시 이것을 사당에 고한다.

납채를 마침으로서 정혼이 성립되었다. 신부 집에서는 혼인 날짜를 정해 신랑 집에 연길을 보낸다.

---

14) 文玉杓 외 3역, 『朝鮮時代 冠婚喪祭』(Ⅰ), 韓國精神文化硏究院, 2000, pp.135-138.

3) 납폐納幣

　육례의 납징, 청기를 겸하는 것으로 약간의 폐백과 혼서를 신부 측에 보내는 절차이다. 납폐는 대부분 혼례를 치르기 며칠 전이나 당일 새벽에 혼서와 청·홍 채단을 넣은 함을 신부 집으로 보냈다.

　혼서는 혼인의 문서로서 신랑의 아버지(조부 혹은 백·숙부)가 쓰는데 그 내용은 성장한 아들(손자나 조카)의 배필로 신부를 허락함에 대하여 선인의 예를 좇아 납폐의 예를 올리니 받아 달라는 정중한 편지이다.

　조선 후기 서울 반가의 여성들을 상대로 한 사례조사[15]에 보면 함에는 혼서지와 청홍채단을 넣고 가례家禮와 지방에 따라서 노란 콩, 붉은 팥, 씨가 일곱이나 아홉 개인 면화 한 송이를 넣은 황낭을 놓았다. 그 위에 함 속보로 싼 2가지 채단

봉치떡

---

15) 이길표, 최배영, 『朝鮮後期 儀禮書에 나타난 婚禮에 대한 歷史的 考察 – 19세기 전반~20세기 초반』, 한국가정관리학회지 제18권 제4호, 2000, pp.179 – 181.

을 넣고 맨 위에 흑색 겹보로 싸서 근봉 3개를 한 혼서를 올려놓았다.

신랑과 신부 집에서는 둥근 시루에다 찹쌀 두 켜에 붉은 팥고물을 넣고 대추와 밤을 박아서 봉치떡을 쪘다. 신랑 집에서는 봉치떡 위에 함을 올려놓았다가 신부 댁으로 가져갔으며 신부 집에서도 봉치떡 위에 함을 올려놓았다가 받았다.

나. 본례 [친영親迎]

본례는 의미에 따라 구분하면 초자례·초녀례, 전안례, 교배례, 서천지례, 서배우례, 근배례의 순서로 진행된다. 이를 친영, 대례大禮, 초례醮禮라고도 한다.

중국의 혼례에서 친영은 신랑이 친히 신부 집으로 가서 신부를 맞이하여 함께 신랑 집으로 돌아와 혼례를 올리는 절차를 말한다.

『사례편람』에서는 신랑이 신부 집에 가서 신부를 맞이하여 돌아와 신랑 집에서 혼례를 올리도록 하였다. 그러나 우리나라의 전통혼례는 신부 집에서 행해지는 것이 관행이었다. 신랑이 신부의 집에서 혼례를 올린 후 신랑이 장인 장모에게 먼저 인사를 올리는 것이 보편적인 민속이었다.『증보사례편람』부록16) "신식 혼상례"에서도 예부터 내려온 습관화된 상류사

______

16) "『증보사례편람』은 처음에는 순 한문으로 나왔으나 다시 현토懸吐·주해註解가 달려 나오게 되었다. 부록은 현토주해사례편람懸吐註解四禮便覽에서 보충한 것이다.". 文玉杓 외 3 역, 『朝鮮時代 冠婚喪祭(Ⅰ)』, 韓國精神文化研究院, 2000, p.13.

회의 혼례의식에 대해 기록하면서 초례 의식을 행하는 장소는 신부 집임을 밝히고 있다.

본서에서는『사례편람』에 의거하여 초례가 행해지는 장소는 신랑집으로 하였다. 각 의례의 홀기는『사례편람』을 바탕으로 하였고 오늘날 전통혼례에서 적용할 수 있도록 재구성하였다.

1) 초자례, 초녀례

주인은 사당에 고하고 각각 초자례와 초녀례를 통해 혼인 당사자가 조상과 부모의 은덕을 기리며 서부모례誓父母禮를 행한다.

신랑, 신부가 혼인하기에 앞서 조상에게 고하고 부모의 교훈을 받으며 또한 부모에게 떳떳한 지아비, 며느리로서의 역할을 다할 것을 서약하는 것이다.

2) 전안례奠雁禮

전안례는 신랑이 혼주에게 기러기를 드리며 혼인의 약속을 다하겠다고 다짐하는 의식이다. 기러기를 예폐禮幣에 쓰는 이유를 빙허각이씨는『규합총서』에 다음과 같이 기록하고 있다.

> 작은 것은 雁이오, 큰 것은 鴻이니 네 가지 덕이 있다. 즉 추우면 북으로부터 남형양에 그치고, 더우면 남으로부터 북안문에 돌아가니 그 信이오, 난[飛] 즉 차례가 있어 앞에서 울면 뒤에서 화답하니 그 禮요, 짝을 잃은즉 다시 짝 얻지 않으니 그 節이요, 밤인즉 무리 지어 자고 하나가 순경하고, 낮인즉 갈대를 머금어 주살을 피하니 그 지혜인 고로 禮幣하는 데 쓴다.17)

---

17) "안 기 소자는 아니오, 두ㅣ 자는 홍이니, 수덕이ㆍ시니치운즉 북으로조차기러 남형양

기러기는 이동하는 시기를 놓치지 않는 것이 혼인의 적기를 상징한다. 하늘을 날 때 서열에 맞추어 날아가는 것은 상하 질서가 있음을 나타내며, 한 번 짝을 맺으면 죽어도 다시 짝을 얻지 않으니 상대에 대한 지조와 절개를 나타낸다. 또한 밤에 무리 지어 잠자되 하나는 지키고 낮에는 갈대를 머금어 주살을 피하니 대가족 제도에서의 책임과 의무, 화합을 보여주는 것이다.

전안례가 시작되면 신랑은 혼인서약의 표시로 주인(신부측 혼주)이 나가 맞이하면 신랑은 들어가 기러기를 바친다. 이때 혼주는 동쪽 계단으로 올라 서향하여 서고 신랑은 서쪽 계단으로 올라가 북향해서 무릎 꿇고 앉아 기러기를 땅에 놓으면 혼주의 시자侍者가 이를 받는다. 신랑은 엎드렸다가 일어나 재배하고 혼주는 답배하지 않는다.[18]

전안례의 절차 홀기는 다음과 같다.

가) 주인영서우문외 主人迎壻于門外

　　혼주가 문밖에 나가 신랑을 맞이하시오.

나) 서출차동면 주인서면 壻出次東面 主人西面

　　신랑은 서쪽에서 동향하고 주인은 동쪽에서 서향하시오.

다) 읍양이입 揖讓以入

<hr>

의 긋치고, 더운즉 남으로조차 북안문의 도라가니 그 신시오, 난즉 추례가 이셔 젼명후화ᄒᆞ니 그 녜오, 짝을 일흔즉 다시 ᄇㅣ치 안니ᄒᆞ니 그 졀이오, 밤인 즉 무리 지너 자고, ᄒᆞ나히　경ᄒᆞ고, 나진즉 굴을 먹음어 구사를 피ᄒᆞ니 그 지혜고로 네피ᄒᆞᄂᆞᆯ득ㅣ 취ᄒᆞ나니라.", 憑虛閣李氏, 鄭良婉 譯註, 『閨閤叢書』, 2003, p.392.

18) 文玉杓 외 3역, 『朝鮮時代 冠婚喪祭(Ⅰ)』, 韓國精神文化研究院, 2000, pp.158-159.

서로 읍을 하시오.

라) 봉안자진안 서집안좌수입 奉雁者進雁 壻執雁左首入

기럭아범은 신랑에게 기러기를 주고 신랑은 기러기의 머리를 좌로 하고 안으로 들어가시오(행보석을 밟기 전 대문 앞에서 받는다).

마) 주인 선도우 전안청 主人 先導于 奠雁廳

주인은 앞서서 신랑을 전안청으로 인도하시오.

바) 서 북향궤 치안어상 壻 北向跪 置雁於床

신랑은 북향하여 무릎 꿇고 앉아 기러기를 상 위에 놓으시오.

사) 서흥 壻興

신랑은 일어서시오

아) 서 소퇴 재배 壻 小退 再拜

신랑은 조금 물러나서 두 번 절하시오.

자) 주인부답배 주부출실 집거전안상 입실

主人不答拜 主婦出室 執擧奠雁床 入室

주인은 답배하지 말고 주부는 나와 전안상을 들고 방으로 들어가시오.

전안례에서 신랑이 혼주에게 드리는 기러기를 준비하는 과정은 『증보사례편람』과 『현토주해 사례편람』부록, 『광례람』에서 다음과 같이 기록하고 있다.

'산 기러기'19)를 쓰되 『가례』에서는 '산 기러기가 없으면

나무를 깎아서 쓴다.'[20]

"기러기 한 마리, 산 기러기나 나무기러기"[21]

"산 기러기를 경기감영에서 내려 주거나 또 일전으로 세낸다.'[22]

이러한 기록들로 볼 때 당시에는 산 기러기를 주로 썼으나 구하기가 어려울 경우 목기러기를 깎아 사용했으며 후대로 오면서 세를 내 빌리기도 했음을 알 수 있다. 그러나 오늘날 전안례에서는 목기러기 한 쌍을 쓰기도 한다. 이것은 오늘날 전안례의 의미를 상고詳考하고 실용성과 장식성을 겸해서 목기러기 한 쌍을 보내는 것으로 변화된 것으로 보인다.

3) 교배례交拜禮

전안례가 끝나면 수모는 신부를 모시고 나가 가마에 오른다. 신랑은 말을 타고 신부와 함께 자기 집으로 돌아온다.

신랑 집으로 돌아온 신랑과 신부는 초례청에서 서로 상대방에게 절을 하는 교배례를 하게 되는데 이는 서로에게 백년

---

19) 『증보사례편람』 부록에 보면 전안의 준비로 "기러기 한 마리(산 기러기나 나무 기러기). 기럭아비 또는 신랑이 기러기를 대청 위에 드리면 색싯집에서 기러기를 받았다가 예를 마친 뒤에 기러기 주인에게 돌려준다." 文玉杓 외 3역, 『朝鮮時代 冠婚喪祭(Ⅰ)』, 韓國精神文化研究院, 2000, pp.176-178.

20) 文玉杓 외 3역. 『朝鮮時代 冠婚喪祭(Ⅰ)』『增補四禮便覽』, 韓國精神文化研究院, 2000, p.154.

21) 「鴈─ 生鴈或木鴈」, 『朝鮮時代 冠婚喪祭(Ⅰ)』『增補四禮便覽』, 韓國精神文化研究院, 2000, p.176.

22) 「生雁 幾營行下或貰一錢」, 『朝鮮時代 冠婚喪祭(Ⅰ)』『廣禮覽』, 韓國精神文化研究院, 2000, p.216.

해로를 서약하는 것이다.

교배례의 절차를 『사례편람』을 바탕으로 하여 오늘날 전통 혼례 홀기로 재구성하면 다음과 같다.

가) 서 조계하북향립 부 서계하북향립

壻 阼階下北向立 婦 西階下北向立

신랑은 동쪽 계단 아래에 북향해 서고, 신부는 서쪽 계단 아래에 북향해 서시오.

나) 서부집사교행 부집사 포 서석어동방 서집사 포 부석어서방

婦執事交行 婦執事 布 壻席於東方 壻執事 布 婦席於西方

신랑 신부의 집사는 서로 자리를 바꾸시오. 신부 집사는 신랑의 자리를 동쪽으로 펴고, 신랑 집사는 신부의 자리를 서쪽으로 펴시오.

다) 서관우동남 부집사옥지진세 부관우서북 서집사옥지진세

壻盥于東南 婦執事沃之進帨 婦盥于西北 壻執事沃之進帨

신랑은 동남쪽 세숫대야에서 신부 측 집사의 도움으로 손을 씻고, 신부는 서북쪽 세숫대야에서 신랑 측 집사의 도움으로 손을 씻으시오.

라) 서부집사 교행부위 壻婦執事 交行復位

신랑과 신부의 집사는 각기 원래 자리로 돌아가시오.

마) 서취동석 부취서석 상향립 壻就東席 婦就西席 相向立

신랑은 동쪽 자리에, 신부는 서쪽 자리에 서로 마주 보고 서시오

바) 서부집사 점촉 壻婦執事 點燭

신랑과 신부의 집사는 상 위의 초에 불을 켜시오.

사) 서읍부 취석 壻揖婦 就席

신랑은 신부에게 읍하고 자리에 앉으시오.

아) 부선이배 婦先二拜

신부가 먼저 두 번 절하시오.

자) 서답일배 壻答一拜

신랑은 답례로 한 번 절하시오.

차) 부우이배 婦又二拜

신부는 다시 두 번 절하시오.

카) 서우답일배 壻又答一拜

신랑은 다시 답례로 한 번 절하시오.

4) 서천지례誓天地禮

집사가 술을 따르면 눈높이로 받들어 올려 하늘에 서약하고 잔반을 내려 땅에 쫴주해 하늘과 땅에 부부가 됨을 서약하는 것이다.

가) 서읍부 부답례 구취좌 서동부서壻揖婦 婦答禮 俱就坐 壻東婦西

신랑은 신부에게 읍하고 동쪽 자리에 서향해 앉고, 신부는 신랑에게 답례하고 서쪽 자리에 동향해 앉으시오.

나) 서부좌집사 수잔반우서부 우집사짐주

壻婦左執事 授盞盤于壻婦 右執事斟酒

좌집사는 잔반을 신랑 신부에게 주고, 각 우집사는 잔에 술을 따르시오.

다) 서부봉잔반서천 하잔반쫴주서지

壻婦奉盞盤誓天 下盞盤祭酒誓地

신랑과 신부는 잔반을 눈높이로 받들어 올려 하늘에 서

약하고 잔반을 내려 바닥에 좨주해 땅에 서약하시오.

라) 서부집사 수잔치고처 서부거효 치우공기

壻婦執事 受盞置古處 壻婦擧殽 置于空器

신랑 신부의 좌집사는 잔을 받아 상 위에 놓고 신랑과 신부는 안주를 집어 빈 접시에 담으시오.

5) 서배우례誓配偶禮

신랑과 신부가 부부가 되기를 직접 배우자에게 서약하는 절차이다.

가) 서부좌집사 수잔반우서부 우집사짐주

壻婦左執事 授盞盤于壻婦 右執事斟酒

각 좌집사는 잔반을 신랑 신부에게 주고 각 우집사는 잔에 술을 따르시오.

나) 서부거잔 서배우 좨음 수잔우종자

壻婦擧盞 誓配偶 啐飮 授盞于從者

신랑과 신부는 술잔을 가슴 높이로 받들어 배우자에게 서약하고 술을 반쯤 마신 다음 각 우집사에게 잔을 주시오

다) 서부집사 수잔교행취배우석 수잔우배우집사

壻婦執事 受盞交行就配偶席 授盞于配偶執事

신랑 신부의 우집사는 잔을 받고 일어나 각기 오른쪽으로 돌아 상대방 좌집사의 옆에 앉아 술잔을 좌집사에게 주시오.

라) 서부좌집사 수잔 수잔우서부 壻婦左執事 受盞 授盞于壻婦

신랑 신부의 좌집사는 잔을 받아 신랑과 신부에게 주시오.

마) 서부수잔 거잔낙서 음필 수잔우좌집사

壻婦受盞 擧盞諾誓 飮畢 授盞于左執事

신랑과 신부는 잔을 받아 가슴높이로 받들어 배우자의 서
약을 받아들이고 술을 마신 다음 잔을 좌집사에게 주시오.
바) 서부좌집사 수잔 수잔우배우우집사 수잔우집사 교행고처
치잔우탁

壻婦左執事 受盞 授盞于配偶右執事 受盞右執事 交行古處 置盞于卓

신랑 신부의 좌집사는 잔을 받아 상대방의 우집사에게
주고, 잔을 받은 우집사는 원자리로 돌아가 잔을 원래
자리에 놓으시오.

6) 근배례爵杯禮

근배란 표주박을 나타내며 표주박이 나뉘어 두 개의 바가
지가 되지만 합하면 다시 하나가 되는 뜻을 의미한다. 합근례
라고도 한다.

가) 서부좌집사하잔 우집사취근배 분치우서부지전잔반상

壻婦左執事下盞 右執事取爵杯 分置于壻婦之前盞盤上

각 좌집사는 잔대 위에서 잔을 내려놓고, 우집사는 근
배상 앞으로 나와 집례로부터 표주박 잔을 받아 가지
고 돌아가 잔대 위에 올려놓으시오.

나) 서부좌집사 수잔반우서부 짐주우근배

壻婦左執事 授盞盤于壻婦 斟酒于爵杯

신랑 신부의 좌집사는 잔대를 들어 신랑과 신부에게 주
고, 우집사는 표주박 잔에 술을 따르시오.

다) 서부거근배 음필 수잔반우좌집사

壻婦擧爵杯 飮畢 授盞盤于左執事

신랑과 신부는 표주박 잔을 들어 술을 마시고, 잔반을

좌집사에게 주시오.

라) 서부좌집사수잔반 치우고처 壻婦左執事受盞盤 置于古處

좌집사는 표주박 잔을 받아 원자리에 놓으시오.

마) 우집사취근배 합치우근배탁상 취잔치우고처

右執事取卺杯 合置于卺杯卓上 取盞置于古處

신랑 신부의 우집사는 표주박 잔을 들고 근배상 앞으로 가지고 나와 집례께 드려 합치고, 좌집사는 술잔을 잔대 위에 올려놓으시오.

바) 서부상향립 壻婦相向立

신랑과 신부는 자리에서 일어나 마주 보고 서시오.

사) 서읍부 부굴신답례 壻揖婦 婦屈身答禮

신랑은 신부에게 읍하고, 신부는 허리 굽혀 답례하시오.

다. 후례後禮

1) 현구고례見舅姑禮

신부가 혼례식 당일이나 며칠 후 신랑집으로 가서 시부모님을 비롯한 시댁의 여러 친척들을 뵙고 인사를 드리는 예이다. 신부는 대추폐백과 고기폐백을 한 벌 준비하였고 술은 가져가지 않았다. 시조부모님이 계시면 폐백을 한 벌 더 준비하였다.

신랑집 대청에서 신부는 시아버지에게 먼저 절하였다. 그리고 나서 수모는 대추폐백의 보자기를 풀어 신부의 손을 거쳐 시아버지께서 앉은 상 위에 올려 놓았다. 그 다음 시어머니께 절하고 역시 신부의 손을 거쳐 시어머니께서 앉으신 상

위에 고기폐백을 드렸다. 신랑은 아버지가 앉으신 옆에 서 있고 절은 신부만 하였다.

시부모님께 인사를 드리고 난 후 시조부모님께서 계시면 그 방으로 가서 시조부모님 것으로 마련한 폐백을 드렸다. 다른 친척들께는 폐백없이 상견례만 하였다. 만일 신랑집에 부모 중 한 분이 돌아가신 경우에는 사당폐백을 드렸고 이때는 술을 썼다.[23]

2) 서현부지부모婿見婦之父母

사위가 신부의 부모를 뵙는 예이다.

신부 집에서 사위를 대접하는 예는 평상시 예절과 같이 한다.

4. 혼례 서식

가. 사주 서식 및 봉투

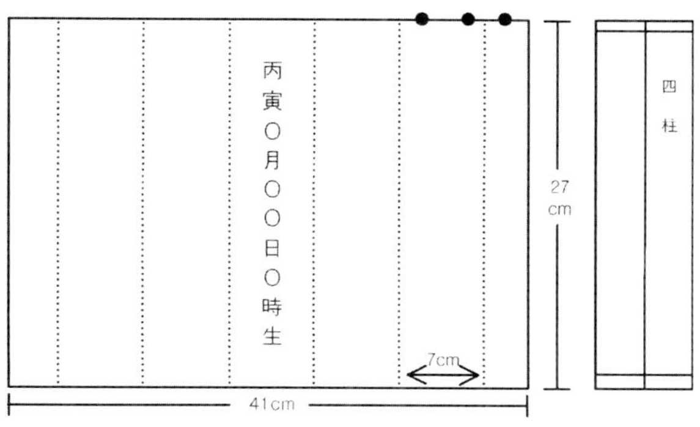

---

23) 이길표, 『전통가례』, 한국문화재보호재단, 2000, pp.45-46.

1) 서식

　사주는 신랑이 태어난 년年·월月·일日·시時를 써서 신부 집에 보내는 것이다. 서식의 크기는 정해져 있지 않으나 상징적으로 가로는 칸 하나를 7㎝ (생명의 수)하여 5칸을 만들고 양쪽에 여분을 둔다(여분 포함 약 41㎝). 세로 길이는 27㎝ 정도가 좋다.

2) 봉투

　사주를 봉투에 넣고 봉투 뒷면에 사주四柱 혹은 사성四星이라고 적는다.

3) 근봉謹封

　서식에 끼우는 근봉은 '삼가 봉한다'는 의미이다. 두꺼운 간지를 잘라서 가운데를 붙이고 그 자리에 길이로 謹封이라 쓴다. 사주와 연길은 1개, 혼서는 3개를 쓴다.

나. 납채문

　납채문은 사주와 함께 홍색보자기에 싸서 신부 집에 보낸다. 정식으로 혼인을 청하는 편지이다.

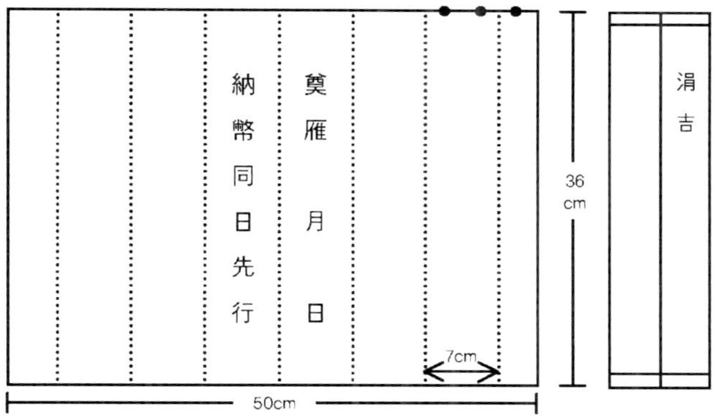

다. 연길 서식 및 봉투

1) 서식

신부 집에서 신랑 집으로 보내는 것으로 두꺼운 간지를 6
칸으로 접어 가운데 혼인날짜와 함을 받게 될 납폐일을 쓴다.
서식의 크기는 정해져 있지 않으나 가로 약 50㎝, 세로 약 36㎝
정도가 적당하다.

2) 봉투

연길을 봉투에 넣고 봉투 뒷면에 연길涓吉이라고 적는다.

3) 근봉

연길 서식에 끼우는 근봉은 1개이다.

라. 연길과 함께 신랑집으로 보내는 편지

사주와 납채문을 받은 신부 집에서 연길과 함께 신랑 집으
로 보내는 편지의 예이다.

연길과 함께 신랑 집으로 보내는 편지

높으신 사랑으로 저의 ○째 딸을 아드님의 배필로 삼으셨습니다. 저
의 여식이 아직 어리석고 제대로 가르치지도 못하였는데 혼인을 정하
시니 감사합니다. 너그러이 살펴 주십시오.

년　　　월　　　일

○　　○　　○　　올림

마. 혼서지 서식 및 봉투

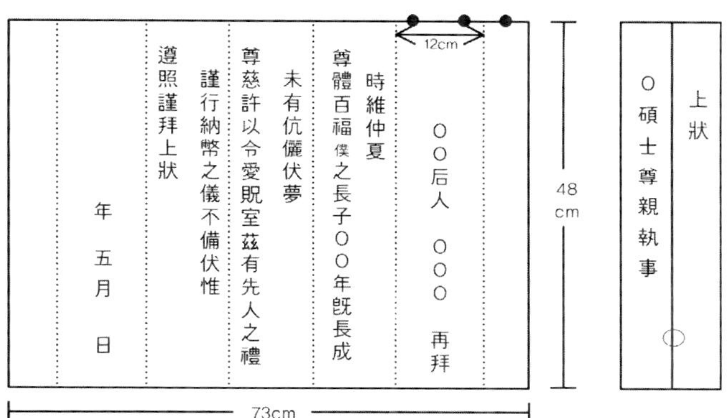

時維仲夏
尊體百福 僕之長子○○年旣長成
未有伉儷伏蒙
尊慈許以令愛貺室茲有先人之禮
謹行納幣之儀不備伏惟
遵照謹拜上狀

○○后人 ○○○ 再拜

年　五月　日

48cm

73cm

12cm

上狀

○碩士尊親執事

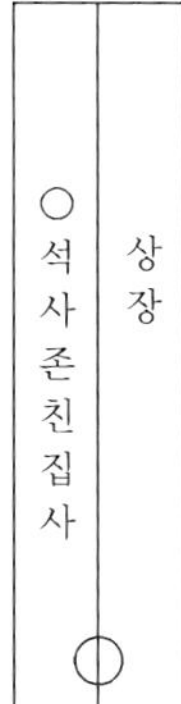

중하지절을 맞이하여 귀하의 만복을 기원합니다.
저의 큰 아들 ○○가 장성하여 배필을 맞이하려던 중
귀하께서 자애롭게도 따님으로 하여금 아내 삼도록 허락
하여 주시었기에 이에 옛 어른들의 예절에 따라 삼가 납폐의
예를 드립니다.
갖추지는 못하였으나 너그럽게 양해하여 주시기 바라면서
삼가 이 글을 올립니다.

　　　　년　　음력 5월　일
○○후인　○○○　재배

상장

○석사존친집사

혼서지 서식 및 봉투(한글서식)

1) 혼서지 내용

원 문	내 용
時維仲夏시유중하	중하지절을 맞이하여
尊體百福존체백복	귀하의 만복을 기원합니다.
僕之長子○○ 복지장자○○	저의 큰 아들 ○○이가
年旣長成년기장성	장성하여
未有伉儷伏夢미유항려복몽	배필을 맞이하려던 중
尊慈許以令愛존자허이영애	귀하께서 자애롭게도 따님으로 하여금
貺室황실	아내 삼도록 허락하여 주시었기
玆有先人之禮자유선인지례	이에 옛 어른들의 예절에 따라
謹行納幣之儀근행납폐지의	삼가 납폐의 예를 드립니다.
不備伏惟부비복유	갖추지는 못하였으나
尊照존조	너그럽게 양해하여 주시기 바라면서
謹拜上狀근배상장	삼가 이 글을 올립니다.

2) 서식

혼서지는 신랑 집에서 신부 집으로 혼인의 문서이다.

가로의 길이는 약 73cm로 칸 하나를 12cm(1년 12달을 상징)
하여 5칸을 만들고 양쪽에 여분을 둔다. 세로는 함의 길이를
기준으로 하되 약 48cm로 하였다.

3) 근봉

서식에 끼우는 근봉은 3개이다.

4) 봉투

봉투의 위 아래는 봉하지 않는다.

5. 현대의 혼례

현대의 혼례 절차는 혼담과 맞선→약혼식(또는 상견례)→택일과 청첩장→혼수준비와 함 보내기→혼례식의 순서로 진행된다.

건전가정의례준직에서의 혼례는 약혼 또는 혼인에서 신행까지를 말하며 그 의식절차는 다음과 같다.

가. 약혼 또는 상견례

약혼을 할 때에는 약혼 당사자와 부모 등 직계가족만 참석하여 양쪽 집의 상견례를 하고 혼인에 관한 모든 사항을 협의한다. 약혼식은 따로 하지 않는다.

약혼 당사자는 당사자의 건강진단서, 가족관계증명서 등을 첨부하여 약혼서를 교환한다.

나. 혼인예식

혼인을 할 때 혼수는 검소하고 실용적인 것으로 하되, 예단을 보내는 경우에는 혼인 당사자의 부모에게만 보낸다.

혼인예식의 장소는 당사자 어느 한쪽의 가정 또는 혼인예식장이나 그 밖에 건전한 혼인예식을 하기에 적합한 장소로 한다.

하객 초청과 잔치는 친척·인척을 중심으로 하여 간소하게 한다.

혼인예식에서 혼인당사자는 혼인신고서에 서명 또는 날인한다.

결혼기념식의 명칭

1주년 : **지혼식**紙婚式
　　　　부부가 서로 그림, 책 등 종이로 된 선물을 주고받아 기념한다.

5주년 : **목혼식**木婚式
　　　　나무로 된 선물을 주고받아 기념한다.

10주년 : **석혼식**錫婚式
　　　　주석제품을 주고받아 기념한다.

25주년 : **은혼식**銀婚式
　　　　결혼 25주년을 기념해 행하는 식 또는 잔치이다.

30주년 : **진주혼식**眞珠婚式
　　　　서로 진주제품을 주고받아 기념한다.

50주년 : **금혼식**金婚式
　　　　결혼 50주년을 기념하여 행하는 의식 또는 잔치를 한다.

60주년 : **회혼례**回婚禮
　　　　결혼 60주년을 기념하여 행하는 의식 또는 잔치

다시 한 번 정리하기

친영

『예기』의 육례와 『주자가례』의 친영은 신랑이 친히 신부 집에 가서 신부를 맞이하여 함께 신랑 집에 와서 혼례를 올리는 절차를 말한다.

『사례편람』에서는 신랑이 신부 집에 가서 신부를 맞이하여 돌아와 신랑 집에서 혼례를 올리도록 하였다. 그러나 우리나라의 전통혼례는 신부 집에서 행해지는 것이 관행이었다. 신랑이 신부의 집에서 혼례를 올린 후 신랑이 장인 장모에게 먼저 인사를 올리는 것이 보편적인 민속이었다. 『현토주해 사례편람』 부록 「신식 혼상례」에서도 예부터 내려온 습관화된 상류사회의 혼례의식에 대해 기록하면서 초례 의식을 행하는 장소는 신부 집임을 밝히고 있다.

다시 한 번 정리하기

기러기를 예폐禮幣에 쓰는 이유

빙허각이씨의 『규합총서閨閤叢書』에 보면 기러기를 예폐에 쓰는 이유는 다음과 같다.

기러기는 이동하는 시기를 놓치지 않는 것이 혼인의 적기를 상징한다. 하늘을 날 때 서열에 맞추어 날아가는 것은 상하 질서가 있음을 나타내며, 한 번 짝을 맺으면 죽어도 다시 짝을 얻지 않으니 상대에 대한 지조와 절개節槪를 나타낸다. 또한 밤에 무리 지어 잠자되 하나는 지키고 낮에는 갈대를 머금어 주살을 피하니 대가족 제도에서의 책임과 의무, 화합을 보여 주는 것이다.

전통사회에서는 전안례에 산 기러기를 주로 썼다. 그러나 구하기가 어려울 경우 목기러기를 깎아 사용했으며, 후대로 오면서 세를 내 빌리기도 했다.

그러나 오늘날 전안례에서는 목기러기 한쌍을 쓰기도 한다. 이것은 오늘날 전안례의 의미를 상고詳考하고 실용성과 장식성을 겸해서 목기러기 한쌍을 보내는 것으로 변화된 것으로 보여진다.

다시 한 번 정리하기

혼인예식에서 신랑과 신부가 서는 위치

오늘날의 혼인예식에서 신랑과 신부의 자리는 논란의 대상이 되고 있다.

전통 혼례에서 신랑의 자리는 동쪽, 신부의 자리는 서쪽이다. 이것이 현대의 혼인예식에서 자리가 바뀌는 경우가 많다. 혼인예식에서의 신랑과 신부의 자리는 음양의 이치를 따르는 것으로 신랑은 양의 방향인 동쪽, 신부는 음의 방향인 서쪽으로 서는 것이 바람직할 것이다.

신부가 시부모에게 폐백을 드릴 때도 시아버지가 동쪽에 앉고 시어머니가 서쪽에 앉아야 한다.

현대의 혼례 절차

- 혼담과 맞선
- 약혼식(또는 상견례)
- 택일과 청첩장
- 혼수준비와 함 보내기
- 혼례식

건전가정의례준칙에서의 혼례는 약혼 또는 혼인에서 신행까지를 말한다.

Ⅳ. 상례

1. 상례의 의미

　전통사회에서의 상례란 사람이 죽음에 이르는 순간부터 시체를 매장해 묘지를 조성하고 그 근친들이 죽음을 슬퍼하여 근신해 복服을 입는 방법과 일정한 기간 동안 복을 다 입고 평상생활로 돌아갈 때까지의 각종 의식절차를 정한 예로 통과의례의 마지막 관문이다.

　전통사회에 있어 주자가례에 바탕을 둔 유교식 상례는 크게 초종初終의례, 장송葬送의례, 상제의례로 구분될 수 있다. 초종의례는 임종에서부터 대렴에 이르는 절차이며 장송의례는 상주들의 성복에서부터 장지에 이르러 하관한 후 집으로 돌아오는 반곡反哭에 이르는 절차이다. 상제喪祭의례는 반곡을 행한 날 행하는 우제虞祭로부터 상주들이 복服을 벗고 고인의 신주를 사당에 모시는 길제吉祭까지 행해지는 제반 의식절차이다.

　전통상례의 절차는 임종, 수시, 고복皐復, 발상, 전, 습, 소렴,

대렴, 성복, 치장治葬, 천구遷柩, 발인, 운구, 하관, 성분, 반곡,
초우, 재우, 삼우, 졸곡, 부제祔祭, 소상小祥, 대상大祥, 담제禫祭,
길제吉祭의 순서로 이루어진다. 상례는 관혼상제의 의례 중에
가장 엄숙하고 정중한 의례로 그 절차가 까다롭고 그 이론이
다양하다.

현대식 상례는 임종, 수시, 발상, 부고, 염습, 입관, 성복, 발
인, 운구, 하관, 성분(묘지를 만들 필요가 없는 화장에서는 생
략한다), 위령제, 삼우, 탈상의 절차로 간소화되었다. 또한 종
교에 따른 다양한 상례의식이 이루어지고 있다.

건전가정의례준칙에서도 상례절차를 정하여 제시하고 있
는데 장일葬日은 부득이한 경우를 제외하고는 사망한 날부터
3일이 되는 날 치르는 것으로 하였다. 상기喪期는 부모·조부
모와 배우자의 경우는 사망한 날부터 100일까지로 하고 기타
사람의 상기는 장일까지로 하였다.

2. 상례절차

현대식 상례 절차는 임종臨終, 수시收屍, 발상發喪, 부고訃告,
염습殮襲, 입관入棺, 성복成服, 발인發靷, 운구運柩, 하관下棺, 성분
成分, 위령제慰靈祭, 삼우三虞, 탈상脫喪의 순서로 진행된다. 그러
나 그 절차와 진행방법은 각 지역이나 사회적 신분에 따라 차
이를 보이기도 한다. 본 장에서는 『사례편람』에 근거하되 간
소화된 현재의 관행되고 있는 상례를 살펴보기로 한다.

가. 첫째 날

1) 임종臨終

가족이나 가까운 혈족이 운명殞命할 때 곁에서 지켜보는 것
을 말한다.

환자의 병이 위중하면 새 옷으로 갈아입히고 머리를 동쪽
으로 가게 눕힌다.

- 임종이 가까워지면 병자가 평소에 입던 옷 중에서 흰색
  이나 엷은 색의 깨끗한 옷을 골라 갈아입힌다.
- 거처하던 방과 운명한 뒤 모실 방도 깨끗하게 치워 둔다.
- 유언遺言을 잘 듣고 더러는 여쭈어 보며 가능하면 녹음하
  는 것이 좋다. 만일 미리 써 둔 유서가 있으면 챙긴다. 경
  우에 따라서는 변호사를 입회시키기도 한다.
- 환자의 곁을 비우지 않고 지킨다.
- 근친들에게 연락해 모두 와서 뵙게 한다.
- 조용히 운명을 기다린다. 의사를 입회시켜 조용히 운명
  을 기다리며 확인한다.
- 의사에게 사망을 확인받고 사망진단서를 발급받는다(사망
  진단서는 사망신고, 매장, 화장 수속에 필요하다).

2) 수시收屍

- 먼저 눈을 곱게 감도록 쓸어내리고 몸을 반듯하게 한 다
  음 손과 발을 매만져 가지런히 한다.
- 머리를 약간 높게 하여 괴고 깨끗한 솜으로 코와 귀를

막는다.

- 얼굴에 백포를 씌우고 홑이불을 머리까지 덮은 뒤 병풍
  이나 장막으로 가린다.
- 시신屍身이 있는 방은 덥지 않게 한다.

3) 발상發喪

초상을 알리고 상례를 시작하는 절차이다.

- 수시가 끝나면 가족은 곧 검소한 옷으로 갈아입고 근신
  하며 애도하되 호곡은 삼간다.
- '근조謹弔'라고 쓰인 등을 달아 놓거나 '상중喪中' 또는 '기
  중忌中'이라 쓰인 네모난 종이를 대문에 붙여 초상을 알
  린다.

가) 설전設奠

돌아가신 분을 살아 계실 때와 똑같이 모신다는 뜻에서 포
와 젓갈을 올려놓은 탁자를 시신의 동쪽 어깨가 닿는 곳에 놓
는다. 이를 설전이라 한다.

나) 상제喪制

고인의 배우자와 직계 자손은 상제가 된다. 맏아들이나 맏
손자는 주상主喪이 된다. 복인服人의 범위는 고인의 8촌 이내
친족으로 한다.

다) 호상護喪

주상을 대신하여 장례에 대한 모든 절차를 주관하는 사람
이다. 친족이나 친지 중에서 상례에 밝고 경험이 많은 사람으

로 정한다.

호상은 부고와 장례에 관한 안내, 연락, 조객록, 사망신고, 매장(화장)허가신청 등을 맡아서 처리한다.

라) 장의사 선정

장의사는 염습, 입관, 매장 신고 등 상례에 관한 일들을 대행해 준다.

장의사에서 담당자가 오면 치장治葬에 소홀함이 없도록 부탁해야 한다.

마) 장일葬日, 장지葬地의 선택

대부분 3일장으로 하나 간혹 5일장을 치르기도 한다. 발인제나 영결식 시간은 참석자들의 시간, 장지에의 도착시간 등을 고려하여 정해야 한다.

장지는 미리 정해 산역山役(시체를 묻고 묘를 만드는 일)까지 해 두면 편리하다.

바) 치관治棺

관은 호상의 명에 따라 짠다. 길이와 깊이는 시신의 신장과 체격에 알맞도록 한다.

4) 부고訃告

호상은 상주와 의논하여 고인이나 상제와 가까운 친척과 친지에게 부고를 낸다. 부고에는 장일과 장지를 기록해야 한다.

나. 둘째 날

1) 염습殮襲

  죽은 사람의 몸을 씻긴 뒤에 옷을 입히고 염포로 묶는 일이다.

  운명한 지 만 하루가 지나면 시신을 깨끗이 닦고 수의를 입힌다. 남자는 남자가 여자는 여자가 염습한다.

  옷고름은 매지 않으며 옷깃은 산 사람과 반대로 오른쪽으로 여민다. 옷을 다 입히면 손발을 가지런히 놓고 이불로 싼 뒤 가는 베로 죄어 맨다.

2) 입관入棺

  염습이 끝나면 곧 입관한다. 입관이 끝나면 관 밑에 나무토막을 깔고 안치한 다음 병풍으로 가린다.

3) 성복成服

  입관이 끝나고 영좌를 마련한 뒤 상제喪制와 복인服人은 상복을 입는다.

  요즘은 전통 상복인 굴건제복을 입지 않고 남자는 검은 양복에 무늬 없는 와이셔츠를 입고 검은 넥타이를 매며 여자는 흰색 또는 검은색 치마저고리를 입는다.

  복인은 검은색 헝겊이나 삼베로 만든 완장이나 상장을 착용한다.

  전통적으로는 성복을 한 후에 조문을 받는다.

다. 셋째 날

1) 발인發靷

영구가 집을 떠나는 절차이다.

가) 발인제發靷祭

영구가 상가나 장례식장을 떠나기 직전에 행하는 제사로서 고인과 마지막 작별을 하는 의식이다. 견전제遣奠祭라고도 한다. 상가의 뜰에서 지내는 것이 원칙이나 요즘은 실내에서 지내기도 한다.

```
─────────────────── 발인제 순서 ───────────────────

 ─개식
 ─상주 및 상제들의 분향
 ─고인의 약력 소개
 ─조객 분향
 ─폐식
```

나) 영결식永訣式

고인이 사회적인 존경을 받고 덕망이 높은 사람인 경우 발인제를 지낸 후 자리를 옮겨 따로 영결식을 지낸다.

```
─────────────────── 영결식 순서 ───────────────────

 ─사회자의 개식사
 ─약력 보고
 ─조사弔辭
 ─분향(상주 유가족, 조객의 순서로)
 ─폐식사
```

2) 운구運柩

발인제가 끝난 뒤 영구를 장지나 화장장까지 장의차나 상여로 운반하는 절차이다.

운구의 행렬 순서는 명정, 영정, 영구, 상제 및 조객의 순서로 한다. 상여로 운구할 경우 묘소에 가는 도중에 노제路祭를 지내기도 한다. 노제는 고인과 친한 조객이나 친척 중에서 뜻있는 사람이 스스로 음식을 준비했다가 지내는 것이다.

3) 하관下棺

장지에 도착하면 장의차나 상여에서 관을 내려 광중壙中에 넣는다. 하관 때는 상주와 복인이 참여하되 곡은 하지 않는다. 관을 들어 수평이 되게 좌향坐向을 맞춘 다음 반듯하게 내려놓고 명정을 관 위에 덮는다. 이때 상주는 취토取土를 세 번 외치면서 흙을 관 위에 세 번 뿌린다.

4) 성분成墳

상주의 취토가 끝나면 석회와 흙을 섞어서 관을 완전히 덮는다. 평토를 한 다음 흙을 둥글게 쌓아 올려 봉분을 만들고 잔디를 입힌다.

지석誌石은 평토가 끝난 뒤 무덤의 오른쪽 아래에 묻는다. 나중에 봉분이 허물어지더라도 누구의 묘인지를 알 수 있도록 하기 위해서이다.

5) 위령제慰靈祭

　성분이 끝나면 묘소 앞에서 영좌를 옮기고 간소하게 제수를 차린 뒤 분향, 헌주獻酒, 축문 읽기, 배례의 순서로 고인의 명복을 비는 제사를 지낸다.
　화장을 했을 때에는 영좌를 유골함으로 대신하여 제사를 지낸다.

라. 장례 후 3일째 : 삼우三虞

　장례 후 3일째 되는 날에 첫 성묘를 하고 봉분이 잘되어 있는지를 살피고 간단한 제사를 올린다. 요즘은 초우와 재우는 생략한다.

마. 별세한 날로부터 100일 : 탈상脫喪

　상기喪期가 끝나 복服을 벗는 절차이다.
　탈상은 부모, 조부모, 배우자의 경우 별세한 날로부터 100일까지이고 그 밖의 경우는 장례일까지이다. 이때 지내는 제사가 탈상제인데 제사 지내는 방법은 기제忌祭에 준한다.

바. 장례 후의 뒤처리

　어수선하게 흐트러진 집 안을 정돈하고 장례 때 사용했던 물품들과 고인의 유품을 정리한다.

1) 영정 모시기

장례 때 썼던 사진(영정)을 일정한 장소에 잘 모셔 두었다
가 제사 때 사용한다.

2) 경비 정리

장례가 끝나면 호상으로부터 금전 관리 등 일체의 사무를
인계받아 총정리를 한다.

3) 인사

장례를 치르는 동안 애써 주신 호상과 친지들이 돌아가실
때에는 감사의 인사를 드리도록 한다.

호상을 맡아 주신 분에게는 나중에 댁으로 찾아가서 인사
드리는 것이 예의이다. 또한 조객들에게는 조문 오신 데 대한
감사의 인사장을 보내는 것이 예의이다.

3. 조문예절

가. 조문하는 마음가짐

조문하는 기본 마음가짐은 상을 당한 사람과 슬픔을 함께
하는 것이다. 아무리 가까운 사이일지라도 상가喪家에 도착하
면 정중한 몸가짐으로 조문의 예를 다해야 한다.

나. 조문의 몸가짐

상가에 도착하면 외투를 문밖에서 벗고 들어간다.

1) 상주에게 목례 : 상주에게 정중히 목례를 한다.

2) 헌화와 분향 : 헌화獻花를 해야 하는 곳에서는 꽃을 들어 꽃봉오리가 자신을 향하고 줄기가 영전 쪽을 향하도록 하여 헌화대에 두 손으로 올린다.

영정 앞에 무릎을 꿇고 분향한다. 향나무 향은 왼손으로 오른쪽 손목을 받치고 오른손 엄지와 검지로 향을 집어 향로 위에 놓는다. 선향은 하나를 집어 불을 붙이고 가만히 끈 후 향로에 꽂는다.

3) 영전에 재배 : 유교식은 영전에 분향 후 큰 절을 두 번 한다. 기독교와 천주교는 영전에 분향 후 기도형식의 묵념을 한다.

4) 상주위로 : 상주와는 평절로 맞절하고 슬픔을 위로한다.

5) 부의금 전달과 조객록 서명 : 상주와의 인사가 끝나면 뒷걸음으로 물러나와 상가의 호상소에 준비해 간 부의를 낸다. 조객록에 서명한다.

손의 위치

흉사에서는 남자는 오른손이 위이고, 여자는 왼손이 위이다. 그러나 공자는 『예기』「단궁檀弓」24)에서 상을 당한 당사자는 오른손을 위로 하나 그 외의 사람은 그렇게 할 필요가 없다고 하였다. 여기서 상을 당한 친족들만이 손의 위치를 바꾸어 줌을 알 수 있다.

옷차림

남자 : 검정색 양복이 기본. 검정색 양복이 준비되지 못한 경우 감색이나 회색을 입도록 한다. 와이셔츠는 흰색으로 하고 넥타이, 양말, 구두는 단색으로 통일한다. 학생은 교복을 입는 것이 무난하다.

여자 : 검정색 상의에 단색 스커트나 바지를 입는다. 짙은 색조화장이나 향수, 화려한 액세서리나 스카프는 삼간다.

다. 조문객의 인사말

1) 얼마나 슬프십니까? 삼가 조의를 표합니다.

2) 얼마나 마음이 아프십니까? 뭐라고 위로의 말씀을 드려야 할지 모르겠습니다.

3) 상사에 뭐라 드릴 말씀이 없습니다.

4) 아버님께서 돌아가셔서 얼마나 애통하십니까?

---

24) 孔子與門人立 拱而尙右 二三子亦皆尙右 孔子曰二三子之嗜學也 我則有姊之喪故也 二三子皆 尙左 공자가 문인들과 함께 서서 손을 모아 잡는데 오른손을 위로 하니 제자 두세 사람이 또한 다 오른손을 위로 하였다. 공자가 말하였다. 두세 제자들의 배우기 좋아함이여, 나는 姊氏의 喪이 있기 때문에 그렇게 하는 것이다. 두세 사람의 제자들이 다 왼손을 위로 하였다. 『禮記』檀弓 上 48 평범사, 南晩星 역주, 1976, p.246.

라. 상주의 인사말

1) 오직 슬플 따름입니다.
2) 고맙습니다. 찾아 주셔서 감사합니다.
3) 먼 길에 이렇게 와 주셔서 감사합니다.
4) 망극합니다. 망극하기 한이 없습니다.

마. 조문 가는 시간

과거에는 고인을 입관한 후 자손들이 성복하는 것을 기다려 조문하는 것이 관례였다. 그러나 오늘날 삼일장을 치르게 되면서 상례의 기간이 3일이고, 3일째 되는 날 발인을 하게 되면 조문할 수 있는 시간은 초상 당일과 그다음 날뿐이다. 따라서 소식을 듣고 자신의 형편과 상황을 고려하여 되도록 서두르지 않으면 때를 놓치게 되어 결례를 범할 수도 있다.

다시 한 번 정리하기

상례喪禮의 어원

상투를 틀어 머리를 올리는 의식을 관례라고 하고 혼인하는 의식을 혼례라고 한다. 그렇다면 사람의 죽음을 갈무리하는 상례도 관례나 혼례처럼 당연히 죽을 '사死' 자를 써서 사례死禮라고 해야 옳다. 하지만 사死로 쓰지 않는다. 왜 '상喪' 자를 써서 상례喪禮라고 할까? 죽음을 의미하는 용어로는 사死, 종終, 상喪 자가 있다. 사死란 육신이 죽어 썩는 것을 말하고 종終은 사람 노릇을 끝냄을 의미한다. 그렇기 때문에 사死는 소인의 죽음을 말하고 종終은 군자의 죽음을 뜻한다. 그런데 이처럼 죽은 자에 대한 의식에 대하여 사례와 종례 두 가지를 쓰기가 번잡하다 보니 '사'와 '종'의 중간을 택해 '없어진다'는 의미를 지닌 '상喪' 자를 써서 상례라고 한 것이다.[25]

장일葬日

건전가정의례준칙에서는 장일은 부득이한 경우를 제외하고는 사망한 날부터 3일이 되는 날로 한다. 상기喪期는 부모, 조부모와 배우자의 경우는 사망한 날부터 100일까지로 하고 기타 사람의 상기는 장일까지로 하였다.

---

25) http://culturedic.daum.net/dictionary_main.asp, Daum문화원형백과사전, 2011. 1. 31. 검색

다시 한 번 정리하기

조상弔喪과 문상問喪, 조문弔問

상주와 고인에게 예를 표하고 상주에게 위로하는 것을 말한다. 조弔는 '슬퍼한다'는 뜻이고 상喪은 '없어진다', '죽다'의 뜻으로, 조상弔喪은 죽은 이에게 죽음을 슬퍼하며 인사를 하는 것이다. 문상問喪은 죽음을 묻는다는 뜻으로, 상주에게 상을 당한 것에 대한 위문의 인사를 한다는 말이다. 조문弔問은 조상과 문상의 첫 자를 딴 것으로 상주와 고인에게 예를 표하고 위문의 인사를 한다는 의미이다.

고례에는 고인을 생전에 알았으면 고인과 상주에게 문상을 하였다. 반면 고인을 알지 못하고 상주만 알면 고인에게는 조상하지 않고 상주에게만 문상을 하였다. 또 남녀의 유별이 엄해서 고인이 남자인 외간상에는 빈소에 조상하고 상주에게도 문상을 하며, 그때 쓰는 방명록을 조객록弔客錄이라 한다. 고인이 여자인 내간상의 경우에는 상주에게만 문상을 하고 그때 쓰는 방명록을 조위록弔慰錄이라 한다.

현대에는 조상과 문상의 구별이나 내외 간 상의 구별 없이 조상과 문상을 함께한다. 조문의 시기도 성복을 한 후가 아니면 할 수 없는데 장기가 3일장으로 짧다 보니 영좌만 설치되면 바로 조문과 문상을 한다.26)

---

26) http://culturedic.daum.net/dictionary_main.asp, Daum문화원형백과사전, 2011. 1. 31. 검색

V. 제례

1. 제례의 의미

제례란 조상의 제사를 모시는 데 따른 여러 가지 예를 일컫는 말이다.

『중용中庸』에 "죽은 이를 섬기기를 산 이를 섬기듯이 하고 없는 이를 섬기기를 생존한 이를 섬기듯이 하는 것이 효의 지극함이다"[27]라고 하였다. 돌아가신 조상을 살아 계신 조상을 모시듯이 정성과 공경을 다하여 의례를 행함으로서 조상과 하나 됨을 느끼며 나의 근본인 조상의 은혜에 보답하고 효를 실천하는 것이다. 제례는 복잡한 형식보다 그 마음가짐이 더 중요하며 제수는 형편에 맞게 간소하면서도 깨끗하게 정성 들여 준비한다.

오늘날의 제례는 유교예법에 근거를 두고 있으나 많이 간

---

27) 「事死如事生 事亡如事存 孝之至也」成百曉 譯註, 『大學・中庸集註』, 2001, p.84.

소화되었고 1973년 가정의례준칙은 전통예법의 모습을 크게 변질시키는 요인이 되었다.

2. 전통 제례

가. 제례의 종류

1) 차례茶禮

전통사회에서는 속절제俗節祭 혹은 절사節祀라고도 불리었다. 설, 청명, 한식, 단오, 칠석, 추석, 중양(9월 9일)에 그 계절에 나는 음식을 큰 쟁반으로 올리고 나물, 과일을 섞어 예禮를 설날, 동지, 초하루의 의식과 같이하였다.

오늘날에는 설, 추석 등에 지내는 명절의 차례가 제사의 상징처럼 중요하게 인식되고 있다.

2) 예제禰祭

부모의 생신에 지내는 제의로 전통적으로는 음력 9월에 정침正寢(제사를 지내는 몸채의 방)에서 올렸다. 사당에 모신 조상의 위패 중에서 자기의 부모만을 모셔다가 제사 지낸다.

3) 기제忌祭

조상이 돌아가신 날 행하는 제사이다. 그러므로 한 분의 조상에 대해 일 년에 한 번만 지낸다. 그러나 돌아가신 조상과 그 배우자를 함께 지내기도 한다. 오늘날 가정에서 가장 중요한 제사로 인식되고 있으며 돌아가신 날 저녁에 집에서 자손들이 모여 제사를 지낸다.

4) 시제時祭

1년에 한 번 음력으로 10월 중에 날을 정해 묘소에서 지내는 것으로 세일사歲一祀라고도 한다. 제사의 대상은 기제사를 지내지 않고 신위를 묘소에 매장한 5대조 이상의 조상이다.

5) 불천위제不遷位祭

국가에 큰 공을 세웠거나 학덕이 높아서 그 신위를 영구히 사당에 모시도록 나라에서 허락한 조상의 제사를 말한다.

불천위에는 국왕이 하사한 국불천위國不遷位와 문중과 향내鄕內의 유림회의에서 결정한 사불천위私不遷位가 있다.

나. 제례의 장소

1) 정침正寢

사시제28), 기일제, 예제禰祭 등이 있다.

2) 묘소墓所

설날, 한식, 단오, 추석, 시제 등에는 묘소에 가서 제사를 지낸다.

---

28) 사계절 춘하추동의 중월仲月인 음력 2월, 5월, 8월, 11월에 택일을 하여 고조부 이하의 조상을 모시고 제사 지낸다고 하여 사시제四時祭라고 하였다.

3) 사당祠堂

사당은 조상의 신주를 모시고 제사를 지내는 곳으로 대개 집의 동북쪽에 위치한다. 신알례晨謁禮,[29] 출입례出入禮,[30] 참례參禮,[31] 천신례薦新禮,[32] 유사고有事告,[33] 속절俗節[34]이 있다.

다. 제사 대상의 범위

제사의 대상과 범위는 시대적, 사회적 변화에 따라 다음과 같이 변화되었다.

시대의 변화에 따른 제사 대상의 범위

고려 말 정몽주 "제례규정"(1390)	조선시대 『경국대전』	갑오경장 이후(1894)	가정의례준칙 (1973)
3품 이상 — 3대 봉사 　　(증조까지) 6품까지 — 2대 봉사 　　(조부모까지) 7품 이하 서민들 　　　— 부모만	3품 이상 — 4대 봉사 　　(고조까지) 6품까지 — 3대 봉사 　　(증조까지) 7품 이하 선비 　　　— 2대 봉사 일반서민 — 부모만	누구든지 고조부모까지 4대 봉사하는 것이 준례로 되어 근래까지 전해짐.	제주로부터 2대조까지

---

29) 주인이 새벽에 사당의 문 안에 들어가 분향하는 예로 아침에 드리는 문안 인사이다.

30) 주인과 주부가 외출하거나 돌아올 때 사당에 고하는 것을 말한다.

31) 정월초하루, 동지, 매달 초하루와 보름에 참례하는 것이다. 정월초하루, 동지, 매달 초하루에는 술과 과일을 올리고, 보름에는 신주 독을 열기만 하고 분향한다.

32) 계절에 새로 나는 음식을 사당에 올리는 예이다.

33) 집안에 특별한 일이 있으면 사당에 고하는 것을 말하며 참례를 올리는 절차와 같다. 관직을 받거나 강등될 때, 주인이 맏아들을 낳아 삼 개월이 지난 후, 돌아가신 부모님의 생신을 맞았을 때, 사당을 수리할 때, 이사 갈 때, 사당에 불이 났을 때 등에는 사당에 고한다.

34) 1월 15일, 3월 3일, 5월 5일, 6월 15일, 7월 7일, 8월 15일, 9월 9일, 12월 납일(30일)이 해당하며, 이때 속절에 숭상하는 음식을 큰 쟁반으로 올리고 나물, 과일을 섞어 예를 행한다. 만약 속절에 숭상하는 음식이 없으면 떡, 과일 두어 가지를 갖춘다.

라. 제찬도祭饌圖

  기제사에서 기물을 진설하고 제물을 마련하는 것은 시제와 같이 한다고 하였다.『율곡전서』,『가례집람』,『사례편람』에서 시제 때의 기물을 진설하는 방법은 다음과 같다.

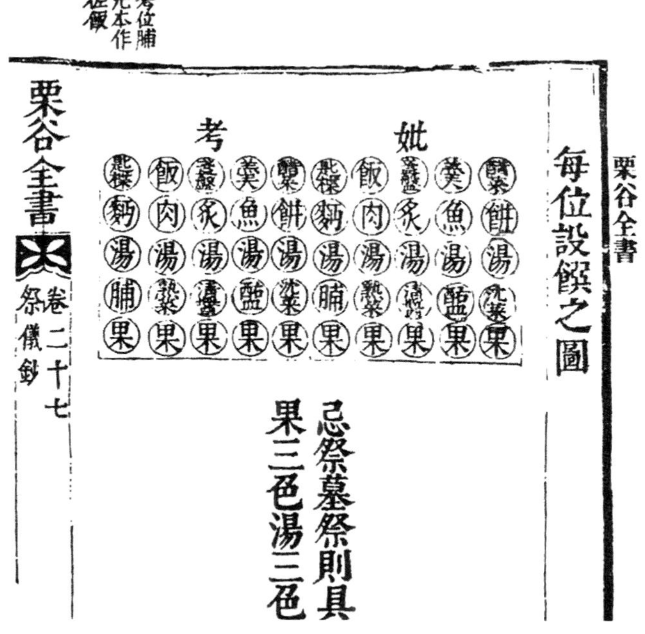

율곡전서 제의초 설찬도

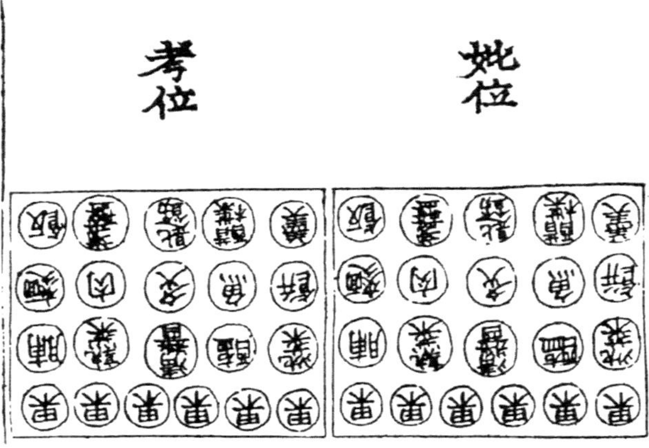

가례집람도설 설찬도

사례편람 진찬도

마. 제구祭具

1) 제상祭床 : 제수를 진열해 놓는 상
2) 교의交椅 : 신주나 혼백 함을 올려놓는 의자
3) 향탁香卓 : 향로와 향합을 올려놓는 작은 상
4) 병풍 : 글씨로 된 병풍으로 준비하여 제상 뒤에 친다.
5) 돗자리 : 두 장을 준비하여 하나는 제상 밑에 깔고 다른
　　　하나는 제상 앞에 깐다.
6) 향로香爐 : 향을 피우는 작은 화로
7) 향합香盒 : 향을 담는 그릇
8) 모사기茅沙器 : 모래와 띠의 묶음인 모사를 담는 그릇
9) 촛대 : 두 개를 준비한다.
10) 주독主櫝 : 신주를 모시어 두는 궤
11) 신주神主 : 죽은 사람의 위패位牌. 고인의 위位를 모시는
　　　나무패로서 대개 밤나무로 만든다.
　　　길이는 8치(약 24㎝), 넓이는 2치(약 6㎝) 정
　　　도. 나무 대신 종이로 만든 신주를 지방紙榜
　　　이라고 한다.
12) 축판祝板 : 축문祝文을 올려놓는 판
13) 변籩 : 실과實果와 건육乾肉을 담는 제기. 원래 대나무로
　　　굽을 높게 엮어서 만들었다.
14) 두豆 : 김치, 젓갈 등을 담는 제기. 굽이 높고 뚜껑이 있다.
15) 병대餅台 : 떡을 담는 제기. 위의 판은 사각형이다.
16) 적대炙台 : 적을 올리는 제기

17) 저俎 : 고기를 담는 제기로 위의 판은 직사각형이다.

바. 제수진설의 일반원칙

제사상 차리기는 예서禮書에 따라 지방의 풍습, 가문의 전통에 따라 조금씩 다르다.

제수를 올릴 때는 살아 있는 분께 올리는 음식과 마찬가지로 따뜻하게 먹는 음식인 메, 갱, 탕, 전, 적 등의 음식은 식지 않도록 한다.

1) 조율시이棗栗柿梨 : 왼쪽부터 대추, 밤, 감, 배의 순서로 놓는다(조율이시의 순서로 놓기도 한다).

2) 홍동백서紅東白西 : 붉은 과일은 동쪽, 흰 과일은 서쪽에 놓는다.

3) 생동숙서生東熟西 : 생김치는 동쪽, 익힌 나물은 서쪽에 놓는다.

4) 서포동혜西脯東醯 : 포는 서쪽, 혜는 동쪽에 놓는다.

5) 어동육서魚東肉西 : 생선은 동쪽, 고기는 서쪽에 놓는다.

6) 두동미서頭東尾西 : 생선의 머리는 동쪽, 꼬리는 서쪽을 향하게 놓는다.

7) 습동건서濕東乾西 : 젖은 음식은 동쪽, 말린 음식은 서쪽에 놓는다.

8) 갱동반서羹東飯西 : 갱(국)은 동쪽, 메(밥)는 서쪽에 놓는다.

9) 시접거중匙楪居中 : 수저를 담은 그릇은 신위의 앞 중앙에 놓는다.

10) 면서병동麵西餠東 : 국수는 서쪽, 떡은 동쪽에 놓는다.

전통사회의 제수진설의 원칙을 참고하여 오늘날 기제사의
진설도를 다음과 같이 제시하여 본다.

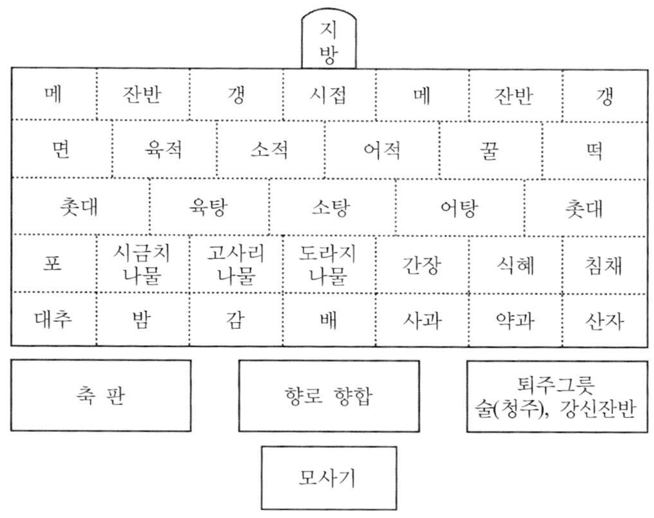

기제사의 진설도(부부합설의 경우)

3. 기제사의 절차

기제사의 절차는 『사례편람』을 근거하되 오늘날의 간소화
된 기제사의 절차로 정리하여 살펴보기로 한다.

가. 기제사의 대상

『주자가례』와 『사례편람』에는 기일을 맞은 당사자 한 분만을 모신다고 하였다. 그러나 『정자제례程子祭禮』에는 "기일에 부모를 짝한다"고 하여 합설을 주장하였다. 우리나라에서는 퇴계가 "우리 집에서는 전부터 합쳐서 제사를 지냈다" 하였고, 사계 김장생이 말하기를 "기일에 고비考妣를 아울러 제사 지내는 것이 비록 주자의 뜻은 아니지만 우리나라 선현들이 일찍이 이렇게 행했다"[35]고 하였다. 이렇듯 우리나라에서는 오래전부터 고비考妣를 함께 제사 지내는 것은 인정에 근본을 둔 예라 하여 두 분[兩位]을 모셔 왔다.

나. 제사 지내는 시기

매년 조상이 돌아가신 날 해진 뒤에 지낸다.

다. 제사절차

- 하루 전 날 재계하고 신위를 마련한다.
- 기물을 진설하고 제물을 마련한다.
- 그다음 날 일찍 일어나 나물과 과일과 술과 제물을 차린다.
- 날이 밝으면 주인 이하가 옷을 갈아입는다.
- 사당에 나아가 신주를 모시고 나와 정침으로 나아간다.

(『사례편람』에서는 신주를 모시고 기제사를 지내기에 참신 이후에 강신한다고 하였다. 그러나 오늘날에는 지방 또는 사진을 쓰기에 강신 이후에 참신한다)

---

35) 文玉杓 외 3역, 『朝鮮時代 冠婚喪祭(Ⅴ) 祭禮篇』, 韓國精神文化硏究院, 2000. p.70.

1) 강신降神한다.

   영혼의 강림을 청하는 의식이다.

   주인은 신위 앞에 나아가 꿇어앉아 분향하고 집사가 술을
따라 주면 주인은 잔을 받아 뇌주하고 재배한다.

2) 참신參神한다.

   주인 이하가 차례로 서서 신위를 향해 두 번 절한다.

3) 초헌初獻한다.

   주인이 첫 번째 술잔을 올리는 의식이다.
   ―주인이 제상 앞으로 나아가 꿇어앉는다.
   ―집사가 고위전의 잔반을 내려 주인에게 건네주고 술을 따라
     준다.
   ―주인은 왼손에는 잔대를 오른손에는 술잔을 들어 모사기
     에 조금씩 3번을 지운 뒤 집사에게 건네준다.
   ―집사는 그 잔을 고위전에 올려놓는다.
   ―비위전도 위와 같은 방법으로 올린다.
   ―이렇게 술을 올리고 나서 집사가 적(안주)을 잔반의 남쪽에 놓
     는다.
   ―집사는 고비위전의 진지 뚜껑을 연다. 뚜껑은 밖으로 내
     가는 것이 아니고 진메의 남쪽에 내려놓는다.

4) 독축讀祝한다.

   ―축관이 '축'을 읽는다. 축을 읽는 사람은 주인의 왼쪽에

서 주인을 향해 꿇어앉아 읽는다. 이때 참사자는 무릎을
꿇고 고개 숙여 정숙히 듣는다.
－축문 읽기를 마치면 주인 이하는 일어나 재배한다.

※ 축문은 원래 제주가 읽는 것이 아니지만 요즈음에는 집
　사가 따로 있지 않기 때문에 제주가 읽는다.
　과거에는 독축 뒤에 곡을 하기도 하였다.

5) 아헌亞獻한다.

종부가 두 번째 잔을 올리는 의식이다. 종부는 4배한다.

6) 종헌終獻한다.

세 번째 잔을 올리는 의식이다. 아헌자의 다음가는 근친자
가 행한다. 잔은 7부쯤 부어서 올린다.

7) 첨작添酌한다.

종헌이 끝나고 조금 있다가 주인이 꿇어앉으면 집사는 술
주전자를 가지고 나아가 술 주전자를 들어 종헌 때 7부쯤 따
라 올렸던 술잔에 3번 첨작하여 술잔을 가득 채운다.

8) 유식侑食한다.

식사를 권하는 의식이다. 주인이 첨작을 하고, 주부가 메를
드시라고 숟가락을 가운데에 꽂고(동쪽을 향하도록) 젓가락
을 바로잡아 놓는다. 주인은 두 번, 주부는 네 번 절한다.

9) 합문闔門한다.

조상이 제수를 드실 때까지 문을 닫고 나가서 잠시 기다린다. 만일 문이 없을 때는 발을 내리거나 병풍을 치기도 한다. 맨 뒤에 축관이 문을 닫고 나간다.

10) 계문啓門한다.

제일 먼저 들어가는 축관이 기침을 3번 하고 닫은 문을 연다.

11) 진다進茶한다.

주인이나 집사가 갱을 물리고 그 자리에 숭늉 또는 차를 올린다.

집사자가 메에 꽂혀 있는 수저를 들어 시접 안에 걸쳐 놓고 진지그릇의 뚜껑을 덮는다.

12) 사신辭神한다.

물림절로 참사자 모두가 절을 한다(참사자는 참신과 사신 때만 절을 한다).

13) 납주納主한다.(신주로 모셨을 경우)

주인과 주부가 신주를 받들어 사당으로 모신다.

14) 철撤한다.

지방과 축문을 불태우고 제상 위의 제수를 집사가 뒤쪽부터 차례로 물린다.

15) 음복飮福한다.

조상이 남겨 주신 음식을 자손들이 나누어 먹는다.

전통사회에서는 제사를 지낸 뒤에 음식은 두루 나누어 먹었다.
제사란 사랑과 공경의 정성을 다하는 것이다. 가난하면 집안의 형편에 맞게 하고 병들면 기운에 따라 행하되 재력이 넉넉한 사람은 마땅히 의식대로 해야 한다.

4. 제례서식祭禮書式

가. 신주神主

신주는 조상의 위패로 밤나무로 만든다. 길이는 여덟 치, 폭은 두 치 가량이고 위는 둥글고 아래는 모지게 생겼다. 하나에 한 분의 조상을 신주 중앙에 세필로 내려쓰고 서쪽 하단에 봉사자를 쓴다.

1) 아버지 신주(한문)　　　2) 아버지 신주(한글)

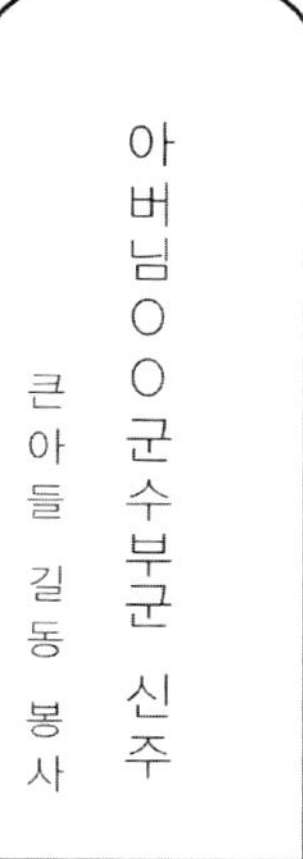

신주 서식

(1) 顯현은 돌아가신 부모에 대한 경어이다.

(2) 아버지를 생전에는 父부, 사후에는 考고라고 한다.

(3) 직명과 직급을 쓰고, 없으면 學生학생이라고 쓴다. 여자 조상은 남편에게 벼슬이 있으면 夫人부인이라고 쓰고 벼슬이 없으면 孺人유인이라고 쓴다. 만약 여자 조상에게도 직명과 직급이 있으면 그것을 쓴다.

(4) 府君부군은 남자 조상의 경우이고 여자 조상의 경우에는 본관과 성씨를 쓴다.

(5) 孝子효자는 큰아들이 위패를 받드는 경우이고 작은아들이면 子자, 큰손자이면 孝孫효손, 큰 증손자이면 孝曾孫효증손이라고 쓴다.

(6) 姓성은 쓰지 않고 이름만 쓴다.

(7) 奉祀봉사는 제사의 대상이 어른인 경우이고, 만약 아내의 경우라면 行祀행사라고 쓴다.

나. 지방紙榜

규격은 길이 24㎝, 넓이 6㎝ 정도가 좋으며 한지(백지)를 사용한다.

조상의 벼슬이 있으면 벼슬을 쓰고 벼슬이 없으면 "顯祖高현조고" 또는 "顯考學生府君 神位현고학생부군 신위"라고 쓴다. 여자는 남편이 벼슬이 있으면 벼슬에 따라 달라진다.

지방을 쓰는 위치는 考位고위[36]를 왼쪽에 쓰고 妣位비위[37]를 오른쪽에 쓴다.

한 분만 돌아가셨을 경우에는 돌아가신 분만 중앙에 먹을 사용하여 세필로 쓴다.

1) 한글 지방서식

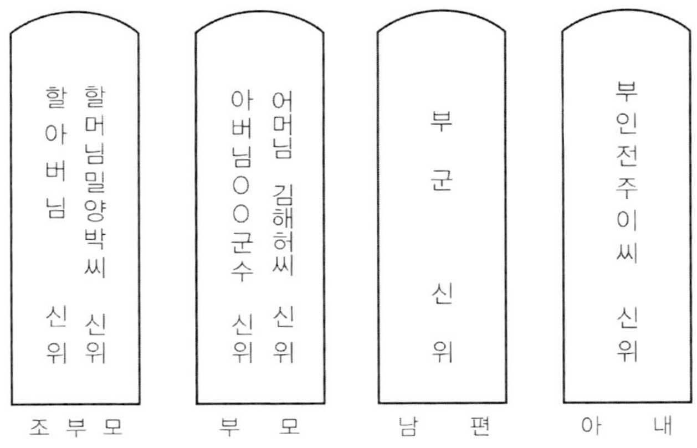

---

36) 돌아가신 아버지와 각 대의 할아버지 위패

37) 돌아가신 어머니로부터 그 윗대 할머니들의 위패

2) 한문 지방서식

고 조 부 모
顯高祖妣孺人 安東金氏 神位　　顯高祖考學生府君 神位

증 조 부 모
顯曾祖妣孺人 全州李氏 神位　　顯曾祖考學生府君 神位

조 부 모
顯祖妣孺人 密陽朴氏 神位　　顯祖考學生府君 神位

부 　 모
顯妣夫人 金海許氏 神位　　顯考書記官○○郡守府君 神位

남 편	아 내	형	동 생
顯辟學生府君 神位	故室孺人全州李氏 神位	顯兄學生府君 神位	亡第學生府君 神位

다. 현대식 축문서식

> 년　월　일
>
> 아버님(또는 어머님, 할아버님, 할머님)께 삼가 고합니다.
> 아버님(또는 어머님, 할아버님, 할머님)께서 별세하시던 날을
> 다시 당하오니 사모의 정을 금할 수 없습니다.
> 이에 간소한 제수를 드리오니 흠향하소서

쉬어 가기

제사 받드는 도리

송시열(1607~1689) 『계녀서』

제사는 정성으로 정결하며 조심함이 으뜸이니
제수 장만할 때 걱정 말고, 종도 꾸짖지 말고,
하하 웃지 말고, 말과 얼굴빛에 드러나게 근심 말고,
없는 것 구차히 얻지 말며,
제물에 티 들게 말고, 먼저 먹지 말고,
어린아이 보채어도 주지 말고,
많이 장만하면 자연 불결하니 쓸 만큼 장만하고,
후 제사의 부족할 것 같으면
일 년 제수 들 것을 생각하여
다음 제사에 부족하지 아니하게 하며
풍족하고 박함이 너무 뚜렷하지 않게 하고,
정성으로 머리 빗고 목욕하되 겨울이라도 폐치 말고,
기제사에 색옷 입지 말고,
손톱발톱 베고 정결히 하면
신명神明이 흠향하고 자손이 복이 있고,
그러지 아니하면 재화災禍가 있는 것이다.

다시 한 번 정리하기

제례란

조상의 제사를 모시는 데 따른 여러 가지 예를 일컫는 말이다.
돌아가신 조상을 살아 계신 조상을 모시듯이 정성과 공경을
다하여 의례를 행함으로써 조상과 하나 됨을 느끼며, 나의 근
본인 조상의 은혜에 보답하고 효를 실천하는 것이다. 제례는
복잡한 형식보다 그 마음가짐이 더 중요하며 제수는 형편에
맞게 간소하면서도 깨끗하게 정성 들여 준비한다.
오늘날의 제례는 유교예법에 근거를 두고 있으나 많이 간소화되
었다.

참고문헌

金長生, 『沙溪全書』.
李珥, 『栗谷全書』.
李縡, 『四禮便覽』.
경기도예절교육원, 『우리예절길라잡이』, 경기도예절교육원, 2005.
김길령, 『전통의례실습』, 원광디지털대학교, 2009.
김득중, 『실천예절개론』, 교문사, 2005.
김득중 외 2인, 『우리의 전통예절』, 한국문화재보호재단, 1998.
김득중, 『지향 가정의례』, 中和書院, 2010
김혜선 외 2인, 『한국가정생활사』, 한국방송통신대학교 출판부, 2003.
김희자, 『백과사전류로 본 조선시대 茶문화』, 국학자료원, 2009.
김희자, 『예다지도실습』, 원광디지털대학교, 2007.
文玉杓 외 3역, 『朝鮮時代 冠婚喪祭(Ⅰ, Ⅱ, Ⅴ)』, 韓國精神文化研究院, 2000.
박명옥·최배영, 『테마가 있는 예절이야기』, 새로운 사람들, 2004.
憑虛閣李氏, 鄭良婉 譯註, 『閨閣叢書』, 2003.
전례연구위원회 편저, 『우리의 생활예절』, 성균관 출판부, 2005.
생활예절연구회, 『예절과 관혼상제』, 매일출판, 2006.
이길표, 『일반생활예절』, 청목문화사, 2003.
이길표, 『전통가례』, 한국문화재보호재단, 2000.
이길표, 『朝鮮後期 서울 班家의 昏禮』, 거목문화사, 2000.
李相玉 譯, 『禮記』下, 명문당, 2002.
이재·우봉이씨대종회, 『국역 사례편람』, 명문당, 2003.
이창일, 『정말 궁금한 우리 예절 53가지』, 예담, 2010.
임혜경·김신연·김영경, 『자신의 가치를 높여주는 매너와 서비스』, 새로운 사람들, 2003.
정종수, 『사람의 한평생』, 학고재, 2009.

조선일보사, 『사진으로 보는 家庭儀禮』, 조선일보사, 1989.

朱熹 지음, 임민혁 옮김, 『주자가례』, 예문서원, 2003.

최배영, 『생활예절과 자기표현』, 신광출판사, 2002.

한국고문서학회 엮음, 『조선시대 생활사』, 역사비평사, 2006.

한국문화보호재단, 『우리의 전통예절』, 계문사, 1998.

한국문화재보호협회 편 지음, 『우리의 전통예절』(증보판), 한국문
화재보호협회, 2008.

한국여성교양학회 예절연구회 편, 『생활예절』, 신정, 2005.

허경진, 『사대부 소대헌·호연재 부부의 한평생』, 푸른역사, 2004.

http://www.moleg.go.kr/ 법제처, 건전가정의례준칙, 2011. 1. 24. 검색

http://culturedic.daum.net/dictionary_main.asp, Daum문화원형백과사전,
2011. 1. 31. 검색

안해벽, 「전통제례의 윤리적 의미고찰」, 안동대학교 교육대학원
석사학위논문, 2000.

이길표·최배영, 「家庭儀禮準則과 健全家庭儀禮準則의 內容比較分析」,
성신여자대학교 생활문화연구소, 2001.

이길표, 최배영, 「朝鮮後期 儀禮書에 나타난 婚禮에 대한 歷史的 考
察」, 한국가정관리학회, 제18권 제4호, 2000.

[부록] 건전가정의례준칙

[시행 2008. 10. 14.]

[대통령령 제21083호, 2008. 10. 14. 전부개정]

보건복지가족부(다문화가족과)

제1장 총칙

제1조(목적) 이 영은 「건전가정의례의 정착 및 지원에 관한 법률」[38] 제5조 제4항에 따라 건전가정의례준칙의 내용과 그 보급 및 실천에 관한 사항을 규정함을 목적으로 한다.

제2조(정의) 이 영에서 사용하는 용어의 뜻은 다음과 같다.

  1. "성년례成年禮"란 성인으로서의 사회적 책무를 일깨워 주기 위하여 하는 의식절차를 말한다.

---

38) 건전가정의례의 정착 및 지원에 관한 법률 [시행 2008. 9. 29.][법률 제9031호, 2008. 3. 28. 일부개정]

제5조(건전가정의례준칙 등) ① 보건복지가족부장관은 모든 국민이 가정의례의 참뜻을 구현할 수 있도록 가정의례의 의식 절차를 엄숙하고 간소하게 행하게 하는 것을 내용으로 하는 준칙(이하 "건전가정의례준칙"이라 한다)을 정하여야 한다.

② 공무원, 공공기관·단체의 임직원 및 사회 지도층의 위치에 있는 자는 건전가정의례준칙을 솔선하여 모범적으로 지켜야 한다.

③ 보건복지가족부장관은 국가기관의 장, 지방자치단체의 장, 공공기관·단체의 장에게 소속 공무원과 임직원이 건전가정의례준칙을 실천하는 것을 내용으로 하는 시행 지침을 마련하도록 권고할 수 있다.

④ 건전가정의례준칙의 내용과 그 보급 및 실천에 필요한 사항은 대통령령으로 정한다. [전문개정 2008. 3. 28.]

2. "혼례婚禮"란 약혼 또는 혼인에서 신행新行까지의 의식
   절차를 말한다.
3. "상례喪禮"란 임종에서 탈상까지의 의식절차를 말한다.
4. "제례祭禮"란 기제사忌祭祀 및 명절에 지내는 차례(이하
   "차례"라 한다)의 의식절차를 말한다.
5. "수연례壽宴禮"란 60세 이후의 생일을 기념하기 위하여
   하는 의식절차를 말한다.
6. "주상主喪"이란 상례의 의식절차를 주관하는 사람을 말
   한다.
7. "제주祭主"란 제례의 의식절차를 주관하는 사람을 말한다.

제3조(종교의식의 특례) 종교의식에 따라 가정의례를 하는 경
   우에는 이 영에서 정하는 건전가정의례준칙의 범위에서
   해당 종교 고유의 의식절차에 따라 할 수 있다.

제4조(건전가정의례준칙의 보급 및 실천) 국가기관, 지방자치
   단체, 공공기관·단체 및 기업체 등의 장은 소속 공무원 및
   임직원 등에게 건전가정의례준칙을 실천하도록 권장하거나
   그 실천사항을 정하여 보급할 수 있다.

제2장 성년례

제5조(시기) 성년례는 만 19세가 되는 때부터 할 수 있다.

제6조(성년례) ① 국가기관, 지방자치단체, 공공기관·단체 및 기업체 등이 성년예식을 거행할 때에는 엄숙하고 간소하게 하여야 한다.

② 성년례의 식순, 성년선서 및 성년선언의 내용은 [별표 1]과 같다.

제3장 혼례

제7조(약혼) ① 약혼을 할 때에는 약혼 당사자와 부모 등 직계가족만 참석하여 양쪽 집의 상견례를 하고 혼인에 관한 모든 사항을 협의하되, 약혼식은 따로 하지 아니한다.

② 제1항의 경우 약혼 당사자는 다음 각 호의 서류를 첨부하여 [별표 2]의 약혼서를 교환한다.

1. 당사자의 건강진단서
2. 「가족관계의 등록 등에 관한 법률」 제15조 제1항 각 호의 증명서 일부 또는 전부(당사자의 합의에 따라 필요한 경우에만 첨부한다)

제8조(혼인) ① 혼인예식을 거행할 때에는 다음 각 호의 사항

을 지켜야 한다.

1. 혼인예식의 장소는 혼인 당사자 어느 한쪽의 가정 또는 혼인예식장이나 그 밖에 건전한 혼인예식을 하기에 적합한 장소로 한다.
2. 혼인 당사자는 혼인신고서에 서명 또는 날인한다.
3. 혼인예식의 복장은 단정하고 간소하며 청결한 옷차림으로 한다.
4. 하객 초청은 친척·인척을 중심으로 하여 간소하게 한다.

② 혼인을 할 때 혼수婚需는 검소하고 실용적인 것으로 하되, 예단을 보내는 경우에는 혼인 당사자의 부모에게만 보낸다.

③ 혼인예식을 마치고 치르는 잔치는 친척·인척을 중심으로 간소하게 한다.

④ 혼인예식의 식순, 혼인서약 및 성혼선언의 내용은 [별표 3]과 같다.

제4장 상례

제9조(상례) 사망 후 매장 또는 화장이 끝날 때까지 하는 예식은 발인제發靷祭와 위령제를 하되, 그 외의 노제路祭·반우제返虞祭 및 삼우제三虞祭의 예식은 생략할 수 있다.

제10조(발인제) ① 발인제는 영구靈柩가 상가나 장례식장을 떠

나기 직전에 그 상가나 장례식장에서 한다.

② 발인제의 식장에서는 영구를 모시고 촛대, 향로, 향합, 그 밖에 이에 준하는 준비를 한다.

제11조(위령제) 위령제는 다음 각 호의 구분에 따라 한다.

1. 매장의 경우 : 성분成墳이 끝난 후 영정을 모시고 간소한 제수祭需를 차려 놓고 분향, 헌주獻酒, 축문 읽기 및 배례拜禮의 순서로 한다.

2. 화장의 경우 : 화장이 끝난 후 유해함遺骸函을 모시고 제1호에 준하는 절차로 한다.

제12조(장일) 장일葬日은 부득이한 경우를 제외하고는 사망한 날부터 3일이 되는 날로 한다.

제13조(상기) ① 부모·조부모와 배우자의 상기喪期는 사망한 날부터 100일까지로 하고 그 밖의 사람의 상기는 장일까지로 한다.

② 상기 중 신위神位를 모셔 두는 궤연几筵은 설치하지 아니하고, 탈상제는 기제사에 준하여 한다.

제14조(상복 등) ① 상복은 따로 마련하지 아니하되, 한복일 경우에는 흰색으로 양복일 경우에는 검은색으로 하고 가슴에 상장喪章을 달거나 두건을 쓴다. 다만, 부득이한 경우에는 평상복으로 할 수 있다.

② 상복을 입는 기간은 장일까지로 하고 상장을 다는 기
간은 탈상할 때까지로 한다.

제15조(상제) ① 사망자의 배우자와 직계비속은 상제喪制가 된다.
② 주상은 배우자나 장자가 된다.
③ 사망자의 자손이 없는 경우에는 최근친자最近親子가 상
례를 주관한다.

제16조(부고) 신문에 부고를 게재할 때에는 행정기관 및 공공기
관·단체의 명의를 사용하지 아니한다.

제17조(운구) 운구運柩의 행렬순서는 명정銘旌, 영정, 영구, 상
제 및 조객의 순서로 하되, 상여로 할 경우 너무 많은 장
식을 하지 아니한다.

제18조(발인제의 식순 등) 발인제의 식순 및 상장의 규격은
[별표 4]와 같다.

제5장 제례

제19조(제례의 구분) 제례는 기제사 및 차례로 구분한다.
제20조(기제사)
① 기제사의 대상은 제주부터 2대조까지로 한다.

② 기제사는 매년 조상이 사망한 날에 제주의 가정에서 지
낸다.

제21조(차례)
① 차례의 대상은 기제사를 지내는 조상으로 한다.
② 차례는 매년 명절의 아침에 맏손자의 가정에서 지낸다.

제22조(제수) 제수는 평상시의 간소한 반상음식으로 자연스
럽게 차린다.

제23조(제례의 절차) 제례의 절차는 [별표 5]와 같다.

제24조(성묘) 성묘는 각자의 편의대로 하되, 제수는 마련하지
아니하거나 간소하게 한다.

제6장 수연례

제25조(회갑연 등) 회갑연 및 고희연 등의 수연례는 가정에서
친척과 친지가 모여 간소하게 한다.

부칙 <제21083호, 2008. 10. 14.>
이 영은 공포한 날부터 시행한다.

(제6조 제2항 관련)

1. 성년례의 식순

   가. 개별 성년례

   1) 개식

   2) 성년자 배례

   3) 축사

   4) 성년선서 및 서명

   5) 성년선언 및 서명

   6) 초례 및 주례의 훈화

   7) 성년자 배례

   8) 폐식

   나. 집단 성년례

   1) 개식

   2) 국민의례

   3) 성년자 호명

   4) 성년자 경례

   5) 주례의 훈화訓話

   6) 성년선서 및 서명

   7) 성년선언 및 서명

   8) 초대 손님의 축사 및 답사

   9) 성년자의 초대 손님에 대한 경례

   10) 폐식

2. 성년선서

성 년 선 서

저는 이제 성년이 됨에 있어서 오늘을 있게 하신 조상님과 부모님의
은혜에 감사하고 자손의 도리를 다할 것과 국가와 사회의 주인으로서
정당한 권리에 참여하고 신성한 의무에 충실하여 성년으로서의 본분을
다할 것을 엄숙히 선서합니다.

년　　월　　일

성년자　○○○(서명 또는 인)

3. 성년선언

성 년 선 언

성 년 자　○ ○ ○
생년월일　년 월 일

그대는 이제 성년이 됨에 있어서 자손으로서 도리를 다하고 국가와
사회의 주인으로서 정당한 권리와 신성한 의무에 충실할 것을 다짐하
고 서명하였으므로 성년이 되었음을 엄숙하게 선언합니다.

년　　월　　일

주례　○ ○ ○ (서명 또는 인)

[별표 2] 약혼서(제7조 제2항 관련)

약 혼 서

구 분	남	여
성 명		
주민등록번호		
생 년 월 일		
주 소		

위 두 사람은 다음과 같이 혼인할 것을 약속한다.

1. 혼인 예정일
2. 그 밖의 조건

년   월   일

약혼자 (남) ○ ○ ○ (서명 또는 인)
　　　　(여) ○ ○ ○ (서명 또는 인)

입회인
(남자 측) : 주소
　　　　　　성명 ○○○ (서명 또는 인)
(여자 측) : 주소
　　　　　　성명 ○○○ (서명 또는 인)

※ 첨부
1. 건강진단서 1부
2. 「가족관계의 등록 등에 관한 법률」 제15조 제1항 각 호의 증명서
　 일부 또는 전부(당사자의 합의에 따라 필요한 경우에만 첨부한다)

※ 「민법」 제808조에 따른 동의를 받아야 하는 경우에는 입회인을
　 그 동의권자로 한다.

[별표 3]

혼인예식의 식순, 혼인서약 및 성혼선언

(제8조 제4항 관련)

1. 혼인예식의 식순

가. 개식

나. 신랑 입장

다. 신부 입장

라. 신랑·신부 맞절

마. 혼인서약 및 서명

바. 성혼선언

사. 주례사

아. 양가 부모에 대한 인사

자. 신랑·신부의 초대 손님에 대한 인사

차. 신랑·신부 행진

카. 폐식

2. 혼인서약

혼 인 서 약

저는 ○○○ 양(또는 ○○○ 군)을 아내(또는 남편)로 맞아 어떠한
경우라도 항시 사랑하고 존중하며, 어른을 공경하고 진실한 남편(또는
아내)으로서의 도리를 다하여 행복한 가정을 이룰 것을 맹세합니다.

년　　월　　일

○○○ (서명 또는 인)

3. 성혼선언

성 혼 선 언

이제 신랑 ○○○ 군과 신부 ○○○ 양은 그 일가친척과 천지를 모신
자리에서 부부가 되기를 굳게 맹세하였습니다. 이에 주례는 이 혼인
이 원만하게 이루어진 것을 엄숙하게 선언합니다.

년　　월　　일

주례　　○○○ (서명 또는 인)

[별표 4] 발인제의 식순 및 상장의 규격

(제18조 관련)

1. 발인제의 식순

가. 개식

나. 주상 및 상제의 분향

다. 헌주

라. 조사弔辭

마. 조객 분향

바. 일동 경례

사. 폐식

2. 상장의 규격

가. 헝겊의 크기(두 겹으로 한다)

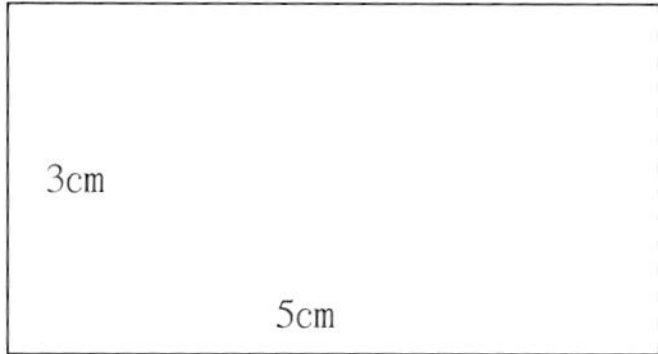

나. 접은 모양

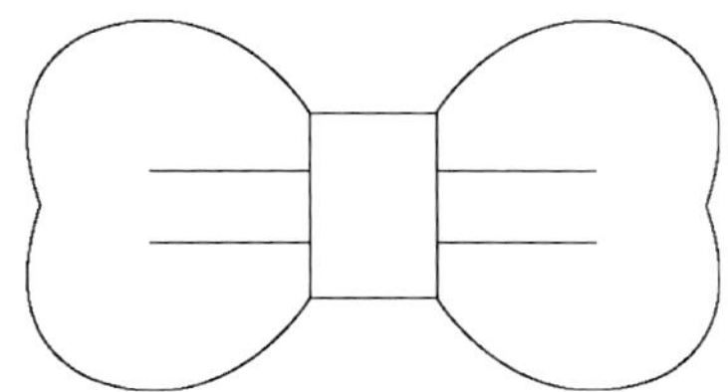

[별표 5] 제례의 절차(제23조 관련)

1. 일반절차

가. 신위 모시기 : 제주는 분향한 후 모사茅沙에 술을 붓고
참사자參祀者는 일제히 신위 앞에 재배再拜한다.

나. 헌주 : 술은 한 번 올린다.

다. 축문 읽기 : 축문을 읽은 후 묵념한다.

라. 물림절 : 참사자는 모두 신위 앞에 재배한다.

2. 신위 모시기

신위는 사진으로 하되 사진이 없는 경우에는 지방紙榜으로
대신한다.

지방은 한글로 흰 종이에 먹 등으로 작성하되, 다음 각 목
에 따른다.

가. 부모의 경우 나. 배우자의 경우

<table>
<tr><td>아버님 신위</td><td>어머님 ○○○○ 신위</td><td>부군 신위</td><td>부인 ○○○○ 신위</td></tr>
</table>

다. 차례(합동제사)의 경우

<table>
<tr><td>할
아
버
님

신
위</td><td>할
머
님
○
○
○
○</td><td>아
버
님

신
위</td><td>어
머
님
○
○
○
○</td></tr>
<tr><td></td><td>신
위</td><td></td><td>신
위</td></tr>
</table>

비고 : 지방의 ○○○○에는 본관本貫과 성씨를 적는다.

건전가정의례준칙[시행 2008. 10. 14.]

[대통령령 제21083호, 2008. 10. 14. 전부개정]

개정이유[전부개정]

◇ 개정이유 및 주요내용

알기 쉬운 법령 만들기 사업의 일환으로 「건전가정의례의 정착 및 지원에 관한 법률」이 개정(법률 제9031호, 2008. 3. 28. 공포, 9. 29. 시행)됨에 따라 주요 용어·표현 등을 개정 법령에 맞추어 정비하고 어려운 용어와 표현 등을 알기 쉽게 고치며 복잡한 문장 등은 체계를 정리하여 쉽고 간결하게 하는 한편, 「호적법」 폐지 및 「가족관계의 등록 등에 관한 법률」 제정에 따라 관련 조문을 정리하려는 것임.

김희자

성신여자대학교 예절다도학 석사
원광대학교 대학원 문학박사(예다학 전공)
전) 원광디지털대학교 차문화경영학과 외래교수
현) 원광대학교 동양학대학원 강사
　　서원대학교 차학과 강사
　　국제차문화학회 상임이사
　　국제차문화교류협력재단 이사
　　경기도 예절교육연수원 강사

『예다지도실습』(2007)
『백과사전류로 본 조선시대 茶문화』(2009)

「傳統婚禮 儀式節次에 관한 小考」
「인간 발달단계에 따른 다례교육 연구」
「청소년기의 다례교육 연구」
「청년 및 성인기의 다례교육 연구」
「중·노년기의 다례교육 연구」
「五洲 李圭景의 茶文化觀 研究」
「五洲 李圭景의 '茶茶辨證說' 研究」
「'茶茶辨證說'에 나타난 차 종류에 관한 연구」
「조선시대 百科事典類를 통해 본 차문화」

E-mail: heeja1711@hanmail.net

알기 쉬운
가정의례

초판발행 2011년 5월 1일
초판 2쇄 2019년 1월 11일

지은이 김희자
펴낸이 채종준

펴낸곳 한국학술정보(주)
주소 경기도 파주시 회동길 230 (문발동)
전화 031 908 3181(대표)
팩스 031 908 3189
홈페이지 http://ebook.kstudy.com
E-mail 출판사업부 publish@kstudy.com
등록 제일산–115호(2000. 6. 19)

ISBN   978-89-268-2111-4 03380 (Paper Book)
          978-89-268-2112-1 08380 (e-Book)